Introducción
a la
PSICOLOGÍA PASTORAL

*Este libro está dedicado
a mis padres,
Rdo. Ángel y Emma Betancourt,
cuyo amor e instrucción cristiana
me llevaron al camino
de la salud espiritual y emocional
en Cristo Jesús.*

Esdras Betancourt

Introducción
A LA
PSICOLOGÍA PASTORAL

Calidad en Literatura Evangélica

editorial clie

Editorial CLIE
Ferrocarril, 8
08232 Viladecavalls (Barcelona) España
E-mail: clie@clie.es
Web: http://www.clie.es

INTRODUCCIÓN A LA PSICOLOGÍA PASTORAL
Dr. Esdras Betancourt

Depósito Legal: SE-2988-2004
ISBN: 978-84-7645-785-6

Impreso en USA

Printed in USA

Clasifíquese: Ministerios Cristianos
Consejería y restauración
Referencia: 22.38.00

Contenido

Prefacio

Se ha hecho esta *Introducción a la psicología pastoral* para guiar a aquellos pastores, maestros, laicos, padres de familia y estudiantes interesados en la sanidad del alma. Este libro contiene una tarea dual: 1) asesorar en lo que se llama «intervención en crisis», o sea, ayudar con la crisis presente; y 2) la prevención, estar consciente de las necesidades espirituales y físicas de las personas para asegurarnos de que crecen «emocionalmente saludables».

La personalidad se ve en su totalidad, como resultado del desarrollo que el individuo va alcanzando. La personalidad es cambiante, no es estática. Según la edad, así son los intereses y las necesidades de la personalidad. Este libro lo introducirá a las diferentes dinámicas que afectan la personalidad y el comportamiento humano y sus implicaciones para el asesoramiento pastoral. Ninguno de los estudios que presentamos es inagotable, pero esperamos que despierten el apetito del lector para que continúe profundizando más en el arte de aconsejar.

Escribe el Dr. Larry Richards que los cristianos reaccionan de forma diferente ante la psicología. Algunos la consideran una amenaza para los fundamentos mismos de su fe. Otros la han aceptado con verdadero entusiasmo. Para estos últimos, la psicología y la psiquiatría vienen a ser un don de Dios para el hombre: un don de sanidad.

Este libro es escrito a la luz de lo que entendemos es una psicología cristiana. En estos estudios la Biblia tiene el lugar primordial. La Biblia es un libro terapéutico, y también lo es la comunidad cristiana. El propósito del asesoramiento pastoral es traer a las personas a una sana relación con Dios y dirigirlas a una vida abundante. Nuestra actitud al estudiar esta materia debe ser una de servir a nuestro prójimo, y no de aprender a manipularlo o avergonzarlo. La psicología puede convertirse en una amenaza o en una herramienta de trabajo útil y beneficiosa.

Hoy más que nunca nuestro mundo está desintegrado, doliente, «trabajado y cansado». Los cambios acelerados en nuestra sociedad están creando una sociedad de neuróticos. Las personas que están en mejor posición para reintegrar estas personas son los cristianos, y en especial el clero.

Este libro ha sido bosquejado a la luz de mis estudios, convicciones cristianas y experiencias de la vida. El material no es original mío, sino el resultado de cuidadosa investigación. Contiene los descubrimientos de las mejores mentes en la psicología pastoral. Parte del material no está documentado, pues viene de mensajes y conferencias que he dictado. Otra parte del contenido viene de materiales repartidos en clase por mis profesores. Espero que los lectores tomen ventaja de la bibliografía y lean los libros allí citados.

La mayoría del material en el capítulo «El proceso del asesoramiento pastoral» es trabajo del Rdo. Robert Crick, quien está certificado como Supervisor de Educación Clínica Pastoral. Los libros del Dr. Jorge A. León y la *Enciclopedia de problemas psicológicos* del Dr. Clyde M. Narramore fueron de gran provecho en mi investigación. Esos libros los debe tener en su biblioteca todo obrero cristiano.

Introducción

La psicología pastoral es un campo aparentemente reciente. Aparentemente, pues el cuidado de las personas, la búsqueda de su sanidad mental, física, emocional y espiritual es el centro del mensaje de buenas nuevas. Las técnicas descubiertas por los hombres de ciencia de hoy son en su mayoría tan antiguas como el Evangelio mismo.

En su empeño por predicar la pura verdad, la teología abstracta, los hombres de Dios a veces olvidan que las personas son documentos humanos vivientes de la teología. Ninguna verdad, por grande que parezca, tiene sentido a menos que se aplique a las personas reales, de carne y hueso.

El Dr. Esdras Betancourt posee una vasta experiencia pastoral, clínica y académica. Colocada sobre un trasfondo de quien ha vivido en carne lo que expone en la cátedra, dicha experiencia le capacita para convertir en recomendaciones prácticas la teoría teológica y psicológica.

El libro *Introducción a la psicología pastoral* constituye un valioso auxiliar para las personas a quienes Dios ha confiado la ingente tarea de cuidar a maestros y estudiantes del ministerio a formarse un cuadro abarcador del aspecto humano de su misión divina. Como libro de referencia, debería formar parte de la biblioteca de todo líder que, por selección o por «accidente», tenga que envolverse en la tarea de ayudar a otros.

Al final de la obra el autor hace una aclaración vital, la cual debería ser una impetración inicial al lector: «Lo más importante en todo nuestro estudio de la psicología pastoral es que las respuestas que necesitamos para nuestras vidas y la ayuda que otros necesitan se encuentran en forma real, plena y completa en la palabra viva y sanadora de Dios.» Amén.

Roberto Amparo Rivera
San Antonio, Texas
Otoño 1980

1

_L_ a peregrinación del alma

El conflicto del ser humano está ejemplificado en la historia bíblica del primer hombre, Adán. Esta narración bíblica nos ayuda a comprender ciertas profundas experiencias compartidas por todos los seres humanos.

Adán y Eva, cuenta la historia, vivían en el Huerto del Edén. En esa placentera tierra, llena de «todo árbol delicioso a la vista», no tenían necesidad, dolor o cansancio. Aún más, no sufrían de ansiedad ni culpabilidad: «no sabían que estaban desnudos» (Gn. 2:25). No tenían problema trabajando la tierra, conflictos psicológicos o conflicto espiritual con Dios.

Pero Dios le había ordenado a Adán no comer «del árbol de la ciencia del bien y del mal» (Gn. 2:17), o morirían. Cuando Adán y Eva comieron del «árbol de la ciencia del bien y del mal sus ojos fueron abiertos» y la primera evidencia de haber conocido el bien y el mal se manifestó en la ansiedad y culpabilidad que experimentaron. Se dieron cuenta de que estaban desnudos. Dios repartió castigos a causa de su desobediencia: la mujer daría a luz con dolores a sus hijos, y sería el deseo de su marido; al hombre se le sentenció a ganar el pan cotidiano con el sudor de su frente; a la serpiente se le profetizó que de la simiente de la mujer (una virgen) vendría el Salvador que traería su derrota.

Su período de inocencia se terminó; ya no podrán vivir sin vergüenza y sin culpabilidad. Ahora saben que son polvo, finitos, y con un futuro incierto.

El conocido psicólogo Sigmund Freud, el padre de la psicología moderna, con el cual no comulgamos en todo, enseñó que el hombre nace neurótico, con un instinto a la autodestrucción. Esto está en acuerdo con la Palabra de Dios. La Biblia enseña la «depravación total» del ser humano. El libro de Génesis está lleno, después de la caída de Adán y Eva, de una serie de caídas que hundían al hombre más y más en la ansiedad y la desesperación. El apóstol Pablo, en su Epístola a los Romanos, habla de esa condición del hombre, y la hace la piedra fundamental de su teología: «Por lo tanto, como el pecado entró en el mundo por un hombre, y por el pecado la muerte, así la muerte pasó a todos los hombres, por cuanto todos pecaron» (Ro. 5:12).

Para Pablo la caída ha afectado federalmente a toda la humanidad. Ésta fue la enseñanza de Agustín y Calvino. Éstos enseñaron que la humanidad estaba tan afectada por el pecado que no podía responder a la gracia de Dios y se necesitaba «una gracia irresistible de Dios» para traerles a la salvación. Arminio, otro teólogo, enseñó que el hombre todavía tiene la «chispa de lo divino» y puede responder libremente a Dios. Sea como sea, los problemas del hombre tienen un origen común, el pecado. Todos estamos en una constante guerra con el pecado, pero ésta es una guerra que podemos ganar. En Cristo nos podemos quitar el viejo hombre y ponernos el hombre nuevo (Col. 3:9, 10).

No es necesario ser un erudito para discernir que nuestro mundo no está bien de salud emocional. Todos en diferentes maneras estamos lisiados, aunque a algunos la vida les ha dado más fuerte que a otros.

Durante el transcurso de este libro vamos a poner mucho énfasis en la prevención. Para poder hacer eso necesitamos tener objetivos claros y bien definidos. El Prof. Lewis Joseph Sherrill en su libro *The Struggle of the Soul* (La lucha del alma), nos ha dado un excelente bosquejo para alcanzar eso. Su libro es un intento de trazar el desarrollo religioso del individuo por medio de las crisis ordinarias de la vida, desde la infancia hasta la vejez.

El cordón dinámico usado para este propósito es el dinámico ser cuando éste se confronta a Dios en las varias etapas de la vida humana y responde quizás en fe, o quizás apartándose de una manera comprometedora, o en completo rechazo, o quizás pasando sin saber jamás que ha conocido a Dios.[1]

Un niño os es nacido

Se comienza con un niño nacido en el mundo y a punto de iniciar su peregrinación. Las personas más importantes en este período, que durará unos once años, son el padre y la madre. La primera tarea del niño es establecer una relación correcta con sus padres. Esto es muy importante, pues es aquí donde comienza la fe. El niño, sobre todo, tiene que sentirse amado. Si la persona en su infancia fue amada por sus padres, cuando llegue a adulto le será fácil creer en un Dios que le ama, pero si no lo fue, le será duro confiar en Dios, su Padre celestial.

Al niño durante esta etapa hay que enseñarle a llegar a ser independiente. No debe de ser sobreprotegido. Un buen ejemplo de un niño que creció independiente es Cristo.

En los negocios de mi Padre

La peregrinación de la niñez desemboca en las turbulentas aguas de la adolescencia. En la niñez la tarea principal es crear fe en los padres y en Dios y dejar que el niño crezca hasta llegar a ser un individuo independiente; pero en la adolescencia la tarea es de destetarlo psicológicamente de sus padres.

De Jesús se dice: «Y el niño crecía y se fortalecía, y se llenaba de sabiduría; y la gracia de Dios era sobre él» (Lc. 2:40). Sus primeras palabras registradas en la Biblia fueron a

---

1. Lewis Joseph Sherrill, *The Struggle of the Soul* (New York: The Macmillan Co., 1963), p. 7.

sus padres. «¿No sabíais que en los negocios de mi Padre me es necesario estar?» (Lc. 2:49).

El niño cuando llega a esta etapa en la vida de Cristo, cuando llega a ser «Hijo de la Ley», o sea, a ser responsable de la ley moral, está respondiendo al llamamiento del Espíritu y está entrando a las demandas del Reino de Dios. El joven a esta edad debe de estar consciente del reclamo de Dios sobre su vida. Ahora tiene que reconocer que su responsabilidad hacia Dios es más grande que hacia sus padres. Aunque Cristo estaba sujeto a sus padres, su responsabilidad hacia Dios tenía prioridad (Lc. 2:51). Bienaventurados los jóvenes que entran en la etapa de la adolescencia conscientes del reclamo de Dios sobre ellos.

Y fue tentado

Cuando la persona deja el mundo de la juventud es confrontada por el mundo del adulto con sus múltiples responsabilidades y demandas. La salud emocional de la persona determinará la madurez con la cual se enfrentará a sus problemas y tentaciones. ¿Cómo usará su libertad personal? ¿Será egoísta? ¿Sabrá dar y recibir amor? ¿Podrá decir como Cristo: «No sólo de pan vive el hombre»?

El individuo cuando llega a ser adulto tiene que responder a las demandas morales de Cristo: «Entonces Jesús dijo a sus discípulos: Si alguno quiere venir en pos de mí, niéguese a sí mismo, y tome su cruz y sígame» (Mt. 16:24). Esta demanda nos lleva a otra etapa.

La zarza ardiendo

Éste es el período que nos alcanza en la edad media. Para esta edad ya debemos tener una filosofía de la vida, que debe incluir ayuda a nuestro prójimo. La verdadera madurez viene cuando estamos tan interesados en las necesidades de nuestro prójimo como en las nuestras; cuando, como Moisés, desde «la zarza ardiendo» le decimos que sí al llamamiento de Dios. «Por la fe Moisés, hecho ya grande, rehusó llamarse hijo de la hija de Faraón, escogiendo antes ser maltratado con el pueblo de Dios, que gozar de los deleites temporales del pecado» (He. 11:24, 25).

El ser humano tiene que comprender que el servicio a Dios y al prójimo es el más alto bien. La vida cómoda de Moisés fue interrumpida, y él tuvo que sacrificarlo todo para confrontar a Faraón, el opresor de su pueblo. El individuo consciente de la soberanía de Dios no tendrá problema en responder positivamente al llamado de Dios.

En tus manos

Hemos llegado a la edad cuando la muerte comienza a prepararse para tocar a nuestras puertas. Como obreros cristianos estamos preparando a las gentes para saber morir con dignidad y sin temor. Es reconocer que el que hace la voluntad de Dios permanecerá para siempre.[2]

Nosotros somos hijos de Dios. Tenemos el potencial para alcanzar a ser hijos de Dios en todo el sentido de la palabra. Una cosa es vivir una vida y otra cosa es hacer una vida. La Palabra de Dios nos da la fórmula necesaria para alcanzar la felicidad. Ser feliz es algo que se aprende, así como aprendemos una vocación para ganarnos la vida.

«Amados, ahora somos hijos de Dios y aún no se ha manifestado lo que hemos de ser; pero sabemos que cuando él se manifieste seremos semejantes a él, porque le veremos tal como él es. Y todo aquel que tiene esta esperanza en él, se purifica a sí mismo, así como él es puro» (1 Jn. 3:2, 3).

---

2. Ibíd., págs. 41, 75, 109, 149, 189.

2

_L_ a Trinidad y la salud mental

La Palabra de Dios trata con la salud mental. «Toda la Escritura es inspirada por Dios, y útil para enseñar, para redargüir, para corregir, para instruir en justicia, a fin de que el hombre de Dios sea perfecto, enteramente preparado para toda buena obra» (2 Ti. 3:16, 17). «Porque la Palabra de Dios es viva y eficaz, y más cortante que toda espada de dos filos; y penetra hasta partir el alma y el espíritu, las coyunturas y los tuétanos, y discierne los pensamientos y las intenciones del corazón» (He. 4:12).

La psicología es el estudio del conocimiento humano. En su investigación física cinco tópicos son considerados: heredad y ambiente, personalidad y ajustamiento, sentir y emoción, motivación y comportamiento, y la salud mental. La interpretación psicológica trata de usar las Escrituras como un libro terapéutico a la luz de los descubrimientos de la psicología. En este capítulo queremos estudiar el rol de la Trinidad en reconstruir y reintegrar la personalidad humana. El poder llegar a conocer algo de nosotros mismos se debe a que Dios nos lo ha revelado en la Biblia y en especial en Jesucristo, el segundo Adán (Ro. 5:12-25; 1 Co. 15). Este segundo Adán, Jesucristo, nos promete no dejarnos huérfanos, sino que por medio de su Espíritu nuestra sanidad espiritual será perfeccionada (Jn. 14:18).

Dios y la salud mental

La palabra «psiquiatría» viene de dos palabras griegas, «psique» e «iatreia»: psiquiatría. La palabra «psique» en realidad significa «persona» y es traducida en varias maneras: «aliento», «alma», «mente», «razón» y otras similares. La palabra «iatreia» significa «tratamiento», «sanidad», «restauración» y otras similares.

Así que, poniendo las dos palabras juntas tenemos la «sanidad mental» o, como dijera David, «confortará –restaurará– mi alma». El ministro es un psiquiatra porque no trata solamente con las mentes de las gentes, sino también con sus almas. Aún más, el trabajo de la Iglesia cristiana es reconciliar la mente y el alma del hombre con Dios. Como dijera Agustín, «Mi alma está sin descanso hasta que encuentra su descanso en ti, oh Dios». Sanidad significa traer a la persona a una correcta relación con las leyes físicas, mentales y espirituales de Dios.[1] Dios en su misericordia nos ha recomendado un psiquiatra, la Biblia. La Biblia se puede estudiar en muchos aspectos: sociológico, histórico, literario, etc. Desde Génesis hasta Apocalipsis está rebosando de sabios consejos para nuestra salud mental y victoria espiritual.

Los Diez Mandamientos

Cuando una persona compra un auto nuevo recibe con éste un manual de operación. Éste le explica la mejor manera de conseguir que su auto le dé el mejor y más largo servicio posible. Si la persona desobedece y derrama la gasolina donde va el aceite, y el aceite donde le corresponde la gasolina, el resultado será un auto descompuesto.

En los Diez Mandamientos Dios nos ha dado a nosotros un

---

1. Charles L. Allen, *God's Psychiatry* (New Jersey: Fleming H. Revell, 1953), p. 9

manual para vivir la vida abundante. Si nosotros lo ignoramos, estamos despreciando el manual de operación de nuestro creador, y esto nos puede llevar a la desesperación. Los Diez Mandamientos son la mejor legislación que se le ha dado a la humanidad.

Los Diez Mandamientos generalmente se dividen en dos temas: la relación del hombre con Dios y la relación del hombre con su prójimo. No solamente son la base para nuestra conducta, tanto moral como espiritual, sino que también son la base para la paz y la prosperidad del individuo y del mundo.

1. *El único Dios.* – «No tendrás dioses ajenos delante de Él» (Éx. 20:3). La tendencia del ser humano es de crearse dioses que no le reprochen su conducta. Los dioses ajenos de hoy son el materialismo. Casi todas las escuelas de psicología están de acuerdo en que todo ser humano necesita creer en un ser supremo.

2. *La idolatría.* – «No te harás imagen, ni ninguna semejanza de lo que está arriba en el cielo, ni abajo en la tierra, ni en las aguas debajo de la tierra» (Éx. 20:4). Esto demanda la pureza en la adoración a Dios.

3. *El nombre de Dios.* – «No tomarás el nombre de Jehová tu Dios en vano» (Éx. 20:7). La primera regla es que Dios es primero en nuestras vidas, la segunda es tener la imagen correcta de Dios y la tercera es la de pensar en Dios de la manera correcta.[2] Maldecir el nombre de Dios es común en nuestros días. ¿Por qué maldicen las gentes? El maldecir es señal de derrota, cobardía y superficialidad.

4. *El día de reposo.* – «Acuérdate del día de reposo para santificarlo» (Éx. 20:8). El significado básico de la palabra «shabbath» en el hebreo es «descanso». El cristianismo cambió el día del sábado al domingo, porque éste fue el día en que Jesús resucitó de la muerte. El que descansa un día puede trabajar

---

2. Ibíd., p. 51.

seis más; el que trabaja siete pronto tendrá un ataque de nervios. El que descansa un día es más productivo que el que no descansa. Muchos no cesan de trabajar y son superproductivos porque le tienen miedo al fracaso. Es psicológicamente saludable sacar un día para adorar y descansar en Dios.

5. *Honor a los padres.* – «Honra a tu padre y a tu madre» (Éx. 20:12). Una de las causas más frecuentes con la cual me he encontrado en el asesoramiento pastoral es la gran hostilidad que muchos albergan contra sus padres. No importa lo imperfecto que hayan sido nuestros padres, siempre debemos de tener en cuenta que ellos hicieron lo mejor que pudieron por nosotros. Continuar condenándolos trae culpabilidad y tensión a nuestras vidas. Perdónelos.

6. *La santidad de la vida.* – «No matarás» (Éx. 20:13). Dios nos hizo para convivir los unos con los otros, y aun el proceso de vivir requiere ciertas reglas. Primero, este mandamiento se aplica a nuestras vidas. El suicidio no es normal: en muchos casos enseña egoísmo y el deseo de castigar. Segundo, esto se aplica a nuestro prójimo. Dios nos manda a vivir y a dejar vivir.

7. *La santidad del hogar.* – «No cometerás adulterio» (Éx. 20:14). El hogar está en segundo lugar después de la vida. Este mandamiento también es para nuestros días. El adulterio es invasión de la casa, la destrucción de los votos que unen a dos personas. Hace deteriorar la institución fundamental que es la base de la sociedad.[3] El libertinaje sexual de nuestros días ha traído la destrucción de muchos hogares, ha creado niños infelices y la proliferación de enfermedades venéreas.

8. *La santidad de la propiedad.* – «No hurtarás» (Éx. 20:15). Este mandamiento da el derecho de propiedad al hombre. El hombre roba de diferentes maneras. Zaqueo lo hacía en su trabajo como colector de impuestos. Una relación adecuada con

---

3. Jaime E. Giles, *Bases bíblicas de la Ética* (Casa Bautista de Publicaciones, 1966), p. 51.

Dios, al tener un encuentro con Cristo, le hizo devolver lo que había robado. Vivir sabiendo que hemos tomado ventaja de nuestro prójimo es una carga pesada de llevar. Para poder sentir alivio, el que roba debe de hacer restitución.

9. *La santidad de la verdad.* – «No hablarás falso testimonio contra tu prójimo» (Éx. 20:16). Dice Charles L. Allen: «Aquellos de grandes mentes discuten ideas; gentes de mentes mediocres discuten eventos; y aquellos de mentes pequeñas discuten a otras gentes.»[4] El daño que se puede hacer cuando injustamente deshonramos el testimonio de una persona es irreparable.

10. *El mandamiento personal.* – «No codiciarás» (Éx. 20:17). Esto se relaciona con los motivos dentro del hombre. La codicia, si se le da rienda, nos puede llevar a hechos como matar, adulterar, etc. Este mandamiento nos es dado para ayudarnos a vivir contentos. «Teniendo comida y con qué cubrirnos, vamos a estar contentos.»

Los libros poéticos y de sabiduría

Hay mucha poesía, salmos y proverbios en el Antiguo Testamento. Dios, en su revelación divina, nos ha dado trozos bíblicos llenos de inmensa sabiduría para ayudarnos a confrontar los problemas de la vida diaria. Job nos enseña cómo servir a Dios con paciencia. Los Salmos nos enseñan el carácter del hombre y a alabar a Dios en todo tiempo. Los Proverbios nos traen enseñanzas prácticas. Cantares, la belleza del amor. Eclesiastés nos presenta el más alto bien, que es temer a Dios y guardar sus mandamientos (Ec. 12:12). El espacio de esta obra no nos permite hacer detalladas exégesis de los grandes pasajes de sabiduría literaria, pero sí aconsejamos al orientador cristiano que se familiarice bien con ellos. Solamente citaremos el Salmo 23 con algunos comentarios entre paréntesis para enfatizar nuestro punto.

---

4. Charles L. Allen, op. cit., p. 75.

Charles L. Allen, comentando sobre el Salmo 23, nos dice: «El Salmo veintitrés es una norma de pensar, y cuando una mente llega a ser saturada con éste, una nueva manera de pensar y una nueva vida son el resultado. Éste contiene sólo 118 palabras. Uno puede memorizar el Salmo en corto tiempo. Aún más, muchos de nosotros ya lo sabemos. Pero su poder no está en memorizar las palabras, sino en meditar sus pensamientos.»[5]

«Jehová es mi pastor; nada me faltará (Dios ha hecho planes para nuestras vidas). *En lugares de delicados pastos me hará descansar* (Él nos hace descansar). *Junto a aguas de reposo me pastoreará* (Él sabe dónde está el lugar de nutrición y de refrescura). *Confortará mi alma* (nos perdona y nos da una segunda oportunidad). *Me guiará por sendas de justicia por amor de su nombre* (Él va delante de nosotros para enseñarnos el camino). *Aunque ande en valle de sombra de muerte, no temeré mal alguno, porque Tú estarás conmigo* (Su presencia nos quita el temor). *Tu vara y tu cayado me infundirán aliento* (Él pelea por nosotros). *Aderezas mesa delante de mí en presencia de mis angustiadores* (nos libra del mal y de la tentación). *Unges mi cabeza con aceite; mi copa está rebosando* ("mi cabeza", cuida de cada uno individualmente). *Ciertamente el bien y la misericordia me seguirán todos los días de mi vida* (no existe duda que Él nos hará siempre el bien). *Y en la casa de Jehová moraré por largos días* (sabía que al fin de sus días en la tierra tenía un lugar permanente con Dios).»

Es imposible leer porciones como el Salmo 23 en la Palabra de Dios diariamente y al mismo tiempo vivir una vida de inseguridad, de preocupación y de tensión. ¡Dios es nuestro psiquiatra!

---

5. Ibíd., p. 15.

Jesús y la salud mental

Jesús es llamado el «Psicólogo de los psicólogos». En su vida encontramos numerosos ejemplos que empleó para llevar a las gentes a la integración espiritual. Él no es solamente nuestro psicólogo sino, sobre todo, nuestro salvador redentor. Esto lo hace poderoso para darnos un nuevo nacimiento y una regeneración total.

De Jesús se dijo: «... y llamarás su nombre... Consejero» (Is. 9:6), y más adelante: «... y no tenía necesidad de que nadie le diese testimonio del hombre, pues él sabía lo que había en el hombre» (Jn. 2:25).

Después de cerrar la puerta de su tienda de carpintería, haber sido bautizado, tentado y haber demostrado su poder, Cristo regresó a la sinagoga en Nazaret, donde se había criado, y conforme a su costumbre se levantó a leer. Lo que leyó fue la agenda de acción de su ministerio: «El Espíritu del Señor está sobre mí, por cuanto me ha ungido para dar buenas nuevas a los pobres; me ha enviado a sanar a los quebrantados de corazón; a pregonar libertad a los cautivos y dar vista a los ciegos; a poner en libertad a los oprimidos; a predicar el año agradable del Señor» (Lc. 4:18, 19). Esto enseña que en la agenda de Cristo estaba el oprimido. Él es el maestro por excelencia en el arte de aconsejar.

Jesús ayudó a Nicodemo con la «terapia de confrontación». Lo confrontó bruscamente con su necesidad espiritual, que era un nuevo nacimiento espiritual. Nicodemo no vino a Jesús buscando ayuda; él pensaba que estaba bien. Pero Jesús lo sorprendió enseñándole lo contrario y así lo ayudó (Jn. 3).

Con la mujer samaritana Jesús usó el método de «asociación de palabras» para llevarla sabiamente a la sanidad. Noten la sabiduría con la cual él trató con ella: 1) le pidió un favor: «dame agua», y así la hizo sentir de valor; 2) la aceptó: «los judíos y los samaritanos no se hablan», pero él le habló; 3) le dio sed por el agua espiritual: «dame de esa agua»; 4) le enseñó la llaga de su pecado: «cinco maridos has tenido y el que ahora tienes no es tu marido», y 5) la hizo un instrumento para ganar a otros: «… venid y ved» (Jn. 4).

El ministerio de Jesús podría ser dividido en dos funciones fundamentales: una kerigmática, la proclamación del Evangelio, y la otra terapéutica.[6] Él nos ha comisionado a predicar y a sanar (Mr. 16:17, 18). Jesús, en su trabajo pastoral, nos dio cierto ejemplo para imitar: 1) Jesús tiene dominio propio (autarquía). Él ha sido el único hombre libre que ha existido, y siempre se enfrentó a la vida con confianza; 2) Jesús perdona: «Ni yo te condeno, vete; y no peques más»; 3) Jesús ama sin prejuicios. Hablando de su encuentro con el joven rico, dice Mateo: «y lo amó»; 4) Jesús tiene un concepto dinámico de la Biblia: «mirad los lirios del valle que ni hilan ni cosen, y ni aun Salomón pudo vestirse como uno de ellos»; 5) fe y conducta: Jesús nos enseña a adorar al Padre en espíritu y en verdad, y 6) Jesús reconoce la realidad de Satanás.[7] Jesús nos ha dado potestad sobre el poder de Satanás. Satanás anda como león rugiente, buscando a quien devorar. Nuestra tarea aquí es saber discernir entre la enfermedad mental y la posesión de demonios. Muchos que parecen estar endemoniados no lo están, y muchos que no lo parecen lo están.

Las enseñanzas de Cristo están llenas de verdades que aún los psicólogos modernos usan para orientar a sus clientes. Raymond L. Cramer, en su excelente libro *La psicología de Jesús y la salud mental,* nos ofrece un excelente comentario de las bienaventuranzas del Sermón del Monte. Aunque el libro es extenso, trataremos de dar una idea de cómo él las usa para ayudar al desorientado.

«Bienaventurados los pobres en espíritu, porque de ellos es el reino de los cielos» (Mt. 5:3). El pobre en espíritu es bienaventurado porque reconoce que tiene necesidad de sanidad.

«Bienaventurados los que lloran, porque ellos recibirán

---

6. Jorge A. León, *Psicología pastoral para todos los cristianos* (Miami, Florida: Editorial Caribe, 1976), p. 105.

7. Ibíd., págs. 109-114.

consolación» (Mt. 5:4). El que llora está pasando por una catarsis; se está desahogando; va camino a la consolación.

«Bienaventurados los mansos, porque ellos recibirán la tierra por heredad» (Mt. 5:5). Si podemos aceptar la vida con calma, podremos gozar de la vida abundante.

«Bienaventurados los que tienen hambre y sed de justicia, porque ellos serán saciados» (Mt. 5:6). Hay dicha para aquellos que buscan las cosas que traen apoyo, refrigerio y fortaleza.

«Bienaventurados los misericordiosos, porque ellos alcanzarán misericordia» (Mt. 5:7). Éstos son los que tienen la dicha, a pesar de sus propios problemas, de identificarse con los problemas de otros.

«Bienaventurados los de limpio corazón, porque ellos verán a Dios» (Mt. 5:8). La sexta bienaventuranza es la puerta de entrada para el verdadero vivir. Los de limpio corazón pueden ver a Dios, entender sus propósitos para nosotros ahora.

«Bienaventurados los pacificadores, porque ellos serán llamados hijos de Dios» (Mt. 5:9). Éstos son los que están libres de la ira y sirven como hijos de consolación. Son pacificadores porque tienen paz.[8]

Las perlas de sabiduría en las enseñanzas de Jesús son invaluables. Es por eso que todo obrero cristiano debe de escribirlas en la tabla de su corazón, para poder llegar a ser efectivo en el ministerio de aconsejar y pastorear.

El Espíritu Santo y la salud mental

Sólo por revelación el hombre puede conocer a Dios y a sí mismo. Pero Dios no sólo nos revela la naturaleza del hombre en las páginas de la Biblia. Él también se nos revela en una forma especial por el Espíritu Santo. El Espíritu Santo es el

---

8. Raymond L. Cramer, *La Psicología de Jesús y la salud mental* (Miami, Florida: Editorial Caribe, 1976), págs. 11, 39, 57, 81, 99, 127, 157.

que da testimonio de Jesucristo (Jn. 15:26) y el que convence al mundo de pecado (Jn. 18:8). Cuando el Espíritu Santo nos hace ver nuestra condición de pecadores y de seres dependientes de Dios es cuando comenzamos a tener conocimiento de nosotros mismos.

Pero el Espíritu Santo no sólo nos revela nuestra condición de criaturas dependientes. También nos muestra una sublime relación filial: somos hijos de Dios. Afirma san Pablo: «El Espíritu mismo da testimonio a nuestro espíritu de que somos hijos de Dios» (Ro. 8:16).[9]

Una de las promesas más consoladoras de Cristo es la siguiente: «El que cree en mí, como dice la Escritura, de su interior correrán ríos de agua viva. Esto dijo del Espíritu que habían de recibir los que creyesen en él» (Jn. 7:38, 39).

La dinámica pentecostal es terapéutica. Como una persona criada en los arrabales de Nueva York, yo he visto al Espíritu Santo tomar cientos de vidas de jóvenes desintegrados y, por medio de una transformación espiritual, hacerlos personas útiles.

En la vida espiritual del autor, en los momentos más críticos de mi vida, han sido las corrientes del Espíritu Santo moviéndose en mi interior lo que me ha dado una calma increíble.

En la sala de orientación no sólo está el orientador, sino también la Santa Trinidad. Dios en el cielo, Cristo a su diestra y el Espíritu Santo en nuestros corazones orando y gimiendo según nuestra necesidad.

La Biblia y la sanidad mental

Aunque ya hemos dado algunos ejemplos de cómo usar la Biblia en el asesoramiento pastoral, creo de importancia compartir con ustedes el bosquejo de Jorge A. León sobre este respecto.

---

9. Jorge A. León, op. cit., págs. 29, 30.

1. *La Palabra de Dios como medio de gracia*. La Biblia es uno de los medios de gracia para crecer en la vida cristiana, junto con la oración, el ayuno y el testimonio personal, entre otros. Cristo usó la Palabra de Dios para vencer la tentación, y nosotros debemos de hacer lo mismo.

2. *La Biblia, un libro divino-humano*. La Biblia contiene los conflictos humanos y los medios para resolverlos. La doble naturaleza de la Biblia es la de su personaje central: Jesucristo. Él es el Verbo –la Palabra– hecho carne.

3. *El creyente leyendo la Biblia*. El pastor debe de asignar lecturas y estudios bíblicos para el hogar y predicar mensajes de consejería pastoral.

4. *La lectura de la Biblia como terapia de apoyo*. La Biblia conforta el alma. Pablo nos dice: «Porque las cosas que se escribieron antes, para nuestra enseñanza se escribieron, a fin de que por la paciencia y la consolación de las Escrituras tengamos esperanza» (Ro. 15:4).[10]

También de interés aquí es la técnica pastoral del apóstol Pablo. Me es impresionante la habilidad que demostró el apóstol Pablo para aconsejar con tacto y sabiduría. Él fue el más humano de todos los apóstoles.

En la técnica pastoral de Pablo encontramos tres puntos fundamentales que es preciso tener siempre en cuenta:

1. *No juzgar*. El juicio corresponde sólo a Dios. No es la tarea del pastor o de la comunidad «aprobar» o «desaprobar» a los hombres. Su responsabilidad es comprenderles, escucharles y anunciarles el Evangelio. Hay un pensamiento que dice: «El hombre más bueno tiene faltas, y el hombre más malo tiene algo bueno.»

2. *La dinámica del amor*. Un segundo punto en el enfoque pastoral de Pablo es el amor. Él enseña que el amor es el

---

10. Ibíd., págs. 131-136.

camino más excelente (1 Co. 12:13). Todos los seres humanos quieren ser amados.

3. *La restauración espiritual.* Esto es claro en Gálatas 6:1: «Hermanos, si alguno fuere sorprendido en alguna falta, vosotros que sois espirituales, restauradle con espíritu de mansedumbre, considerándote a ti mismo, no sea que tú también seas tentado».[11]

Esto no quiere decir que tenemos que condonar el pecado, pues hay personas en las iglesias cuyo pecado es tan abierto que habría que entregarlas a Satanás para la destrucción de la carne (1 Co. 5:5). Es una manera de dejarlas caer hasta el fondo de la miseria, y quizás de esa manera recapaciten y regresen arrepentidas y con el deseo de cooperar con Dios para cambiar sus vidas y así salvar sus almas.

El kerigma y la consejería pastoral

La predicación dinámica es básicamente cuidado pastoral en un marco de adoración. Todavía el sermón es el mejor medio de comunicación en la Iglesia moderna. Siendo que la Iglesia tiene altos estandartes de moralidad, muchos feligreses cuando tienen problemas morales no se atreven a ir a su pastor por el temor a ser censurados o por la vergüenza envuelta. El predicador sensitivo puede discernir esos fracasos y dirigirse a ellos por medio de sus mensajes. Jesucristo es la única personalidad integrada. Él es el mejor ejemplo de un predicador, cuyos mensajes eran bálsamos sanadores para las heridas del alma. Tomemos como ejemplo su primer mensaje (Lc. 4:16-22). Este pasaje contiene los ingredientes necesarios para un mensaje terapéutico: 1) unción: «Me ha ungido para predicar»; 2) poder: «El Espíritu de Dios está sobre mí»; 3) sanidad: para

---

11. Ibíd., págs. 122-124

los pobres, los de corazones quebrantados, los cautivos, prisioneros y el año agradable del Señor. Un nuevo comienzo. Los seguidores de Cristo sintieron que sus cargas desaparecían. Recibieron valor para enfrentarse a sus debilidades. Vieron sus fracasos no como una catástrofe final, sino como una lección para una mejor comprensión. Encontraron una llave para encerrar sus odios y orgullo en el cuarto del olvido. Cristo reconocía el problema y su posible solución. Les ayudaba a enfrentarse al futuro, en vez de condenar su pasado. James W. Clark escribió: «Toda predicación va dirigida a necesidades personales, si realmente es predicación y no la lectura de un ensayo o un discurso general sin sujeto particular, o un ejercicio de las mandíbulas. Es la transmisión de la verdad de Dios a través de una persona hacia otra persona.»

Después de la predicación el miembro debe preguntarse: «¿Cómo sabe él mi problema?» Cuando usted se para en el púlpito con el mensaje de Dios, su audiencia está esperando la respuesta a problemas como éstos: soledad, problemas matrimoniales, dominio de los impulsos sexuales, ideas falsas sobre la religión, moralidad, complejo de inferioridad, problemas del sufrimiento y la enfermedad, culpabilidad, infidelidad conyugal y problemas sociales de la comunidad.

Temas para sermones de sanidad interna

1. Predicando a los cargados de culpabilidad:

    Restaurando nuestra relación con Dios (Lucas 15:17).
    El poder positivo de un nuevo comienzo (Filipenses 3:13).
    Enfrentándonos a la culpabilidad (Lucas 18:14).

2. Predicando a los enlutados:

    La gran seguridad (Romanos 8:38, 39).
    El amor mira a la muerte (Juan 11:23-26).

3. Predicando a los temerosos:

La armadura contra el temor (1 Samuel 17).
Poder sobre sus temores (2 Timoteo 1:7).

4. Predicando a los que se sienten solos:

La función social de la religión (Mateo 18:20).
Cómo usar nuestra soledad (Mateo 14:23).

5. Predicando a los fracasados:

El éxito del fracaso (Hebreos 11:32-40).
Cómo usar sus debilidades (1 Corintios 12:9).

6. Predicando a los llenos de agresión:

Cómo controlar su genio (Santiago 1:19, 20).

7. Predicando a los que se sienten inferiores:

Cómo tratar su sentido de inferioridad (Éxodo 4:10).
Cómo ser su mejor amigo (Filipenses 4:1-13).

3

E l desarrollo de la personalidad

¿Por qué debemos de estudiar el desarrollo de la personalidad? Usted vive en un mundo de gentes que afectan su vida; ellos le pueden hacer a usted feliz o infeliz. Usted tiene que vivir toda su vida consigo mismo. Si usted se entiende a usted mismo y a otros, tiene más probabilidades de tener éxito y sentirse parte del mundo. Hará lo mejor en su familia, en su trabajo y en la sociedad; si se entiende a sí mismo y a otros le será más fácil alcanzar su potencial.

A menudo nos preguntamos: «¿Por qué soy así? ¿Qué es lo que me hace una persona distinta, diferente de las demás?» Esta misma pregunta se han hecho los psicólogos, dedicando grandes esfuerzos por investigar todo el campo de la personalidad. Hay muchas teorías de personalidad, algunas extremadamente complejas y complicadas, algunas simples y claras, algunas antiguas y otras nuevas. Cada una trata de explicar cómo desarrollamos nosotros nuestra personalidad particular y cómo la mantenemos.

Allport define la personalidad como sigue: «Personalidad es la organización dinámica dentro del individuo de aquellos sistemas psicofísicos que determinan su sin igual ajuste al mundo.»

Cualquier individuo puede ser observado desde tres perspectivas:

1. Subjetivamente: como la persona se ve a sí misma.
2. Objetivamente: como otros la ven.
3. Verídicamente: como uno es en realidad.[1]

Tarea del desarrollo

En la educación tenemos lo que se llama «la tarea del desarrollo», lo que nos enseña la importancia de conocer el desarrollo de las personas en las diferentes etapas de la vida.

«La tarea de desarrollo es una tarea que aparece en o cerca de cierto período en la vida del individuo. Si la alcanza con éxito, lo lleva a la felicidad y a tener éxito con tareas que vendrán más tarde, mientras que el fracaso lleva al individuo a la infelicidad, desaprobación por la sociedad y a tener dificultad con las siguientes tareas.»

El siguiente bosquejo se usa para analizar las tareas de desarrollo:

1. Naturaleza de la tarea.
2. Base cultural.
3. Base fisiológica.
4. Base psicológica.
5. Base espiritual.[2]

Desarrollo de la personalidad durante el período oral

La primera fase del desarrollo de la personalidad es la oral. Los deseos del bebé son satisfechos en la boca y el estómago. El bebé nace con la necesidad de ser amado y gozado. Es durante esta edad que aprende que el ser humano puede ser

---

1. Raymond J. Corsini, ed., *Current Personality Theories* (Itasca, Illinois: F.E. Peacock Publishers, Inc., 1977), págs. 1-3.

2. Robert J. Harvighurst, *Developmental Tasks and Education* (New York: David McKay Co., Inc., 1952), págs. 2, 14.

bueno o malo. Tiene la necesidad de sentirse seguro, importante, y desarrollar fe en los seres humanos.

Naturaleza de la tarea: 1) aprende a comer alimentos sólidos; 2) aprende a hablar, y 3) aprende a caminar.

Base fisiológica: El sistema digestivo, de hablar y de caminar ya están fisiológicamente listos para comenzar a desarrollarse. Si el niño, por ejemplo, no comienza a caminar de los nueve a los quince meses, muy seguro que tendrá problemas en las siguientes tareas.

Base cultural: La cultura de un país ya ha determinado ciertas reglas culturales que moldearán el hablar, el destetarse y otras tareas más del niño.

Base psicológica: Los niños durante esta edad corren el peligro de desarrollar los siguientes problemas psicológicos: 1) un susto les puede hacer tartamudos; 2) una caída les puede hacer tener temor a caminar; 3) algunos aprenden a asociar la comida con ser amados; cuando son adultos comen demasiado para sentir que son amados; 4) otros usan el fumar o el alcohol para gratificar una necesidad oral; 5) dejarlos llorar hasta que se callen les trae dolor y les impide aprender a relacionarse con otros; 6) ser pellizcados para que abandonen los senos y usen leche artificial les puede hacer masoquistas; 7) la falta de atención a sus necesidades básicas les mata la ambición.

Base espiritual: 1) El día de su nacimiento es el día más crítico en su vida espiritual. Es cuando la fe comienza. 2) Al mismo tiempo que se le enseña a decir «mamá» se le puede enseñar a decir «Dios» y «Jesús». 3) Aquí comienza la fe en Dios. Si sus padres terrestres suplen sus necesidades y los aman, más tarde esperarán lo mismo de su Padre Celestial. 4) Debe de ser llevado a la iglesia para que, según crece, ésta sea parte de su vida. 5) El ingrediente emocional más importante para darles es el amor; no use cosas como sustitutos por el amor.

Desarrollo de la personalidad durante el período anal

El período oral termina al fin del primer año. Durante ese tiempo recibía placer por la boca; ahora lo hace por el ano y el recto. Este período dura de uno a tres años. La tarea más importante en este período para el infante es aprender el uso del intestino y la vejiga, o sea, aprender a usar el inodoro de una manera correcta.

Los logros más importantes en este período para el infante son: descubrir que uno puede hacer algo que agrada a otros, descubrir que uno puede crear algo y descubrir que uno puede contribuir al bienestar de la sociedad. Esto lo aprende de la importancia que se le da a su excreta. En este tiempo aprende a aceptar regulaciones mientras aprende a usar el baño.

En esta edad se desarrolla la conciencia. Freud dividió la mente humana en tres niveles: Yo (ego), Superyo (super ego) y Ello (id).

1. Ello: Fuerzas de instintos y deseos de placer. El niño descubre que existe un mundo donde él tiene que adaptarse; no puede darle rienda suelta a sus deseos. Cuando él aprende eso tenemos el comienzo del Yo.

2. Yo: Representa la conciencia. El niño se identifica con la madre y sus deseos y con otros seres humanos. Desagradar a los adultos en sus demandas le trae dolor a su conciencia. Las constantes demandas de la conciencia forman el Superyo.

3. Superyo: Controla las exigencias del ello y del yo. Ya no se deja llevar sólo por el placer, sino por la realidad de la vida. Ya sabe que es un individuo.

Naturaleza de la tarea: Aprender a controlar la eliminación del orín y la excreta, y a mantenerse limpio.

Base fisiológica: El desarrollo de los nervios que controlan la eliminación del orín no se completa hasta cerca de la edad de dos a cuatro años.

Base cultural: La sociedad varía en el tiempo y métodos de enseñarle a usar el baño. Cuanto más alta en el nivel social está la persona, más severas son sus demandas en el entrenamiento del inodoro.

Base psicológica: 1) El control de la vejiga no se consigue hasta la edad de dos a dos años y medio, y el control completo a los cuatro años. 2) Muchos niños y adultos sufren de enuresis: repetida e involuntaria emisión de la orina. 3) Demasiado énfasis en la limpieza puede crear culpabilidad y hacer de la persona un limpiador compulsivo o un amante de la suciedad; se dice: «El niño sucio es malo», después que se le alabó por soltar la excreta. 4) Aprende limpieza por medio del baño. 5) No le maltrate para que coopere; ejemplo: estrujarle la excreta en la cara si la soltó en el suelo. 6) Niños que no son tratados con amor y respeto crecerán temerosos, ansiosos, odiosos y rebeldes. 7) Si se pone a jugar con su propia excreta no lo castigue; báñelo y dele otro objeto con que jugar. 8) Un entrenamiento muy severo durante este período hace a la persona demasiado limpia, tacaña, testaruda, rehúsa cambiar su opinión o manera de hacer las cosas aunque le prueben que está mal.

Base espiritual: 1) Aquí es donde recibe su primer entrenamiento moral. 2) Ya se le puede comenzar a enseñar que es hijo de Dios. 3) Se le enseña a comunicar con himnos, coros y textos bíblicos mientras los pone a dormir y juega con ellos. La felicidad sana trae estabilidad. 4) La relación interpersonal entre los padres debe de ser una de armonía.

El período genital (de 3 a 6 años)

En este período, el niño está más consciente de su cuerpo y de los placeres genitales que recibe. A esto lo llaman sexualidad infantil. Ya tiene un eco y éste tiene la difícil tarea de enfrentarse a la demanda de su ambiente y del mundo a su alrededor. Se ha observado en este período de edad (3 a 6 años) que los niños son atraídos emocionalmente hacia el padre del sexo opuesto de una manera erótica. A este fenómeno se le llama «complejo de Edipo». El niño no está consciente de esto.

Él habla de querer casarse con su mamá, pero se siente culpable porque ella pertenece a su papá. Temor al padre, o culpabilidad, le hace terminar su infatuación. Las personas que no resuelven su complejo de Edipo correctamente quizás nunca se casen, o se entregan a la homosexualidad.

Naturaleza de la tarea: Aprender un rol social masculino o femenino. Aprender a ser varón o hembra.

Base fisiológica: Durante este período, tanto los niños como las niñas crecen a la misma proporción. A la edad de nueve años en adelante la diferencia física entre ambos es más notable.

Base cultural: La cultura de cada país espera un comportamiento diferente entre el varón y la hembra. La posición social de los padres del niño también determina el rol del niño; ejemplo: se espera que el niño pobre sea un buen peleador, mientras que al rico se le enseña a pelear sólo para defensa propia.

Base psicológica: 1) El niño es negativo, desobediente y antagonista; esto es aún peor con el padre del sexo opuesto. 2) Tiene pesadillas y rabietas. 3) Todo niño durante el tiempo de la infancia desarrolla tres temores: el temor de ser abandonado, el temor de no ser amado y el temor de ser mutilado. 4) Sufren mucho celo cuando les nace un hermano; hablan mal de él, le pegan, etc.

Base espiritual: 1) Cuando el infante se encuentra con el amor se encuentra con Dios. 2) En esta edad se le deben dar respuestas a sus preguntas sobre la sexualidad. Enseñarles simples oraciones para decir al cenar, al acostarse y al despertar.

El período latente (de 5 a 10 1/2 años)

La palabra «latente» sugiere que éste es un período quieto en el desarrollo del individuo, aunque tiene sus conflictos. Todavía están tratando de resolver el complejo de Edipo.

Ellos se portan bien en la escuela. Quieren una mano firme que los controle. Son celosos de otros niños. Al final de este período pierden el celo, reconocen los derechos de otros y aprenden justicia social. Quieren dormir con los padres por temor a la muerte. Reconocen que sus padres no son omniscientes. Confían más en sus amigos u otros adultos que en los padres. Los padres, como los ven aislados, se preocupan; pero eso es normal. Buscan amigos de su propio sexo, pandillas y sociedades secretas. Son abusadores y quieren controlar a otros. Son crueles los unos con los otros y abusan de adultos débiles. Se rebelan contra las figuras autoritativas, y esto se debe a que no quieren que los traten como a un infante. Buscan héroes para imitar.

Naturaleza de la tarea: 1) Aprender buenas relaciones con sus amigos. 2) Aprender los rudimentos de leer, escribir y calcular. 3) Aprender a desarrollar su conciencia, moralidad y una escala de valores. 4) Alcanzar independencia personal. 5) Desarrollar una actitud saludable hacia grupos sociales e instituciones.

Base fisiológica: Éste es un período de crecimiento general de todos los músculos y los huesos. Los dientes permanentes están saliendo. Los hábitos de postura se están estableciendo. El sistema nervioso es lo suficiente maduro para permitir aprender a escribir, leer y calcular.

Base cultural: La cultura determina los juegos y el comportamiento del niño de acuerdo a su sexo. En la escuela es donde principalmente aprende a relacionarse con sus compañeros. Su inteligencia, ambiente y nivel social determinan su éxito educacional. La independencia la va adquiriendo dándole responsabilidades.

Base psicológica: El peligro más grande en esta edad es el de desarrollar un complejo de inferioridad. Ésta es una edad crítica en que los niños necesitan la amistad de los padres. No obligue al niño a ser un atleta si ésa no es su inclinación. Ya para los diez años el niño enseña «la personalidad social» que tendrá a los cincuenta. Está físicamente independiente de los padres, pero no lo está emocionalmente. Respetan la sabiduría de los adultos, y en especial la de los padres, pero en medio de este período se dan cuenta de que los adultos y sus padres no son infalibles. La independencia de los padres no se alcanza en este período.

Base espiritual: La iglesia es de gran importancia para moldear la personalidad espiritual y social del niño. La iglesia debe asegurarse de que el niño se sienta satisfecho de lo que es y de lo que los demás son. Los líderes de la iglesia deben de tratarlos con firmeza, pero con amor y comprensión. No se olviden de que la iglesia llega a ser para ellos «el cuerpo de Cristo y su familia espiritual».

El período de adolescencia

1. Prepubertad. La adolescencia comienza a los diez años y medio y termina gradualmente al principio de la vida de adulto (18-21). Es un tiempo cuando el *ello,* el *yo* y el *superyo* están en conflictos, hasta que vuelven a funcionar en armonía, después de algunos años. Las señales de pubertad son más manifiestas en las niñas que en los niños, debido al período de menstruación de las niñas. Al volverse a activar las glándulas sexuales ocurre un crecimiento acelerado. Las actividades físicas aumentan. El joven quiere ser considerado un adulto. Físicamente está pobremente balanceado y se siente torpe. Esto es más embarazoso para las jovencitas. Un día están alegres y alertas y al otro día están pensativas, haraganas o irritadas. Quieren ser independientes de sus padres, pues están tratando de establecer su propia identidad. Las jovencitas atacan más a sus madres que lo que atacan los jóvenes a sus padres. Tienen una amiga predilecta. Esto es una manera de independizarse de la madre. La jovencita se enamora antes que el joven.

2. Pubertad. La pubertad comienza usualmente a la edad

de doce años y sigue hasta los dieciséis. Ya tienen la capacidad para la sexualidad. La jovencita comienza el período de menstruación; ya puede tener hijos. Los problemas mentales le causan irregularidad en la menstruación. El joven a esta edad sufre de emisiones nocturnas. Practica la autocomplacencia, lo que le causa cierta culpabilidad.

3. Post-pubertad (adolescencia tardía). Es la etapa menos entendida. Muchos padres quieren ayudar a sus hijos adolescentes, pero no saben cómo hacerlo. De los quince a los veintiún años el joven tiene que: 1) decidir sobre una vocación; 2) emanciparse de sus padres y familia; 3) aprender a relacionarse con el sexo opuesto, y 4) integrar su personalidad para ser maduramente responsable y ayudar a otros.[3]

Naturaleza de la tarea: Aceptar su musculatura y usar sus cuerpos efectivamente. Conseguir independencia personal de los padres y otros adultos. Alcanzar independencia financiera. Prepararse para el casamiento y la vida familiar.

Base cultural: El rol del hombre y el rol de la mujer en la cultura están cambiando. Esto se debe al resurgimiento del humanismo, el movimiento de liberación femenina, etc. Nuestra posición social determina nuestra participación cívica.

Base fisiológica: El ciclo de crecimiento de la edad de la pubertad amplía la diferencia física entre los sexos. Las mujeres, en término de fuerzas físicas, llegan a ser el sexo más débil. El cerebro y el sistema nervioso alcanzan el tamaño adulto cerca de la edad de catorce años.

Base psicológica: Es importante que al adolescente se le permita cometer algunos errores. Esta confianza les ayuda a reconocer que no son débiles. Las jovencitas, hoy en día, quieren la libertad, poder e independencia del varón. Hay preocupación por la apariencia física: acné, dientes virados, obesi-

---

3. Spurgeon English y G H. J. Pearson, *Emotional Problems of Living,* 3.ª ed. (N.Y.: W.W. Norton and Co. Inc., 1963), págs. 11, 30, 52, 171, 355.

dad, etc. Su rebelión viene del deseo de ser independiente. Sienten cierto orgullo en crecer; conseguir su licencia de conducir, un trabajo y usar ropa de adulto, esto es señal de que están entrando en el mundo de los adultos. Acuérdese de que la adolescencia es una coma, no un punto.

Base espiritual: A esta edad se la llama «la etapa de Jonatán y David» (1 S. 18:1, 3). Los amigos del mismo sexo son muy importantes. La iglesia debe de crear el ambiente para esta clase de amistad. Aquí se les enseña altruismo, responsabilidad por el prójimo. La iglesia es un puente para ayudar al adolescente a cruzar al mundo de los adultos. Muchos jóvenes modernos desean un lugar donde no tengan la presión de las demandas sexuales de hoy. Ésta también es la edad de «en los negocios de mi Padre», o sea, tomar una decisión seria de servir a Dios. Es tiempo de enseñar a ser llenos del Espíritu Santo.

El período del adulto joven (de 18 a 30 años)

El período del adulto joven usualmente contiene matrimonio, el primer embarazo, el primer trabajo, la primera enfermedad de los niños, alquilar o comprar una casa, enviar al primer niño a la escuela, etc. Es uno de los períodos cuando la persona está más abierta a aprender y recibir consejo. En esta edad, una de las tentaciones grandes es adquirir cosas materiales, sin poder pagarlas.

Naturaleza de la tarea: Seleccionar una persona para el casamiento. Aprender a vivir con su cónyuge. Comenzar una familia. Criar niños. Mantener un hogar. Comenzar a trabajar en una vocación. Aceptar responsabilidad cívica. Unirse a un grupo social congenial.

Base cultural: Nuestra clase social determina la manera en que participaremos en la sociedad.

Base fisiológica: Tener niños es un proceso fisiológico, para el cual necesitan ser educados.

Base psicológica: Algunos no tienen la madurez para casarse. Existe el temor a tener niños deformados o retardados. Hacerse responsables por la calidad de vida en su comunidad.[4]

Base espiritual: Ser miembro de una iglesia y cumplir con sus responsabilidades religiosas en un nivel de madurez.

El período de la edad media (de 30 a 55 años)

Todos los períodos de la vida traen nuevos problemas y nuevos desafíos y experiencias. Enumerando las necesidades más importantes de cada período procedemos de esta manera: primero, llegar a ser un individuo; segundo, ser destetado emocionalmente de los padres; y tercero, hacer identificaciones maduras y asumir responsabilidades. Ahora, en la edad media, el problema central para desarrollar carácter es alcanzar un punto de vista maduro de la vida y el universo, o sea, «una filosofía de la vida».[5]

Éste es un período que pasa ligero. Se comienzan a sentir los efectos de envejecer. Las tareas de desarrollo en la edad media son el resultado de cambios dentro del organismo, presión de nuestro ambiente, o las obligaciones puestas sobre el individuo por sus propios valores y aspiraciones.

Naturaleza de la tarea: Alcanzar responsabilidad cívica y social. Establecer y mantener una norma económica de vivir. Ayudar a los hijos adolescentes a llegar a ser adultos responsables y felices. Aprender los cambios psicológicos del cónyuge durante este tiempo. Aceptar y ajustarse a los cambios fisiológicos de la edad media. Ajustarse a sus padres que envejecen.

Base cultural: Éstos son los mejores años financieros. La tensión entre los padres y los adolescentes es fuerte.

---

4. Robert J. Harvighurst, op. cit., págs. 72-82.
5. Lewis Sherill, op. cit., págs. 149, 150.

Base fisiológica: Las fuerzas físicas comienzan a disminuir. Aparecen señales de envejecimiento. Aparecen cabellos tiesos en la nariz, orejas y pestañas de los hombres; crecimiento de cabellos sobre el labio de la mujer; y la piel se seca y se arruga. La mujer pasa por la menopausia. El hombre también pasa por una menopausia, pero es psicológica.

Base psicológica: Ajustarse a vivir sin los hijos. Ésta es llamada «la edad peligrosa», pues muchos cónyuges quieren probar que todavía son atractivos al sexo opuesto. En algunas mujeres la menopausia trae depresión.[6]

Base espiritual: Habilidad para responder a la voluntad de Dios. No dejar que otros hagan todo el trabajo en la iglesia. La iglesia debe de utilizar las horas libres de sus miembros.

El período de la vejez (de los 65 años en adelante)

Muchas de las tareas de desarrollo de la infancia se vuelven a repetir en la vejez. Esto obliga al ciudadano mayor a aprender nuevas maneras de vivir: aprender a caminar con sus gastadas fuerzas, a masticar las comidas, etc. De los 75 años en adelante la mayoría de los ancianos son inválidos.

Naturaleza de la tarea: Aprender un modo nuevo de vivir. Ajustarse al decaimiento de sus fuerzas físicas y salud. Acostumbrarse a una entrada financiera más pequeña. Ajustarse a la muerte de su compañero. Establecer relaciones con personas de su misma edad. Continuar su participación en asuntos cívicos. Establecer un lugar más satisfactorio para vivir.

Base cultural: Al anciano se le ha considerado en la sociedad como a un inútil. La tendencia de nuestros días es de internarlos en asilos de ancianos. Son fáciles víctimas del rápido crecimiento del crimen.

---

6. Robert J. Harvighurst, op. cit., págs. 83-91.

Base fisiológica: Pérdida de fuerzas, cabellos y dientes. Buscar un lugar para vivir de menos renta, sin escaleras altas, silencioso, cerca de familiares, hospital, iglesia, transporte, etc.

Base psicológica: Las mujeres usualmente estarán solas más tiempo. Deben admitir que han envejecido. Han de vencer el temor a la muerte.[7]

Base espiritual: La iglesia debe de usar su talento y sabiduría. Establecer la «Liga Edad de Oro», para ofrecerles confraternidad, guía espiritual y educación sobre las necesidades de la vejez.

Etapas de la vida según Erikson

Erik H. Erikson (1950) también ha desarrollado una perspectiva de desarrollo de la personalidad y las necesidades espirituales de la persona. Él cree que la personalidad se desarrolla por medio de ocho etapas que cubren todo el ciclo de la vida. Cada etapa presenta un conflicto a la persona, tal como «confianza vs. desconfianza». La personalidad se desarrolla según cada persona resuelve estos conflictos. Es equivalente a una crisis de fe en el desarrollo religioso. Erikson ha ganado fama en la rama de la filosofía y la religión por medio de sus estudios biográficos *Young Man Luther* (El joven Lutero) y *Gandhi's Truth* (Las verdades de Gandhi).[8] Erikson enfatiza que la fe en Dios y las gentes comienza en la infancia. La fe y el amor de los padres afecta el desarrollo espiritual del infante. La educación cristiana del infante comienza antes de su nacimiento, pues él recibe los valores espirituales y sociales de sus padres. La habilidad para confiar en los padres le ayudará o perjudicará más adelante cuando esté listo para entregarse a Cristo.

---

7. Ibíd., págs. 92-98.

8. David G. Benner, *Psychology and Religion* (Grand Rapids, Michigan: Baker Book House), 1988, p. 95.

Etapa	Relaciones sociales y personales	Crisis o conflicto	Posible resultado
Nacimiento a 1 año	Madre	Confianza vs. desconfianza	Fe y confianza en otros o desconfianza en las gentes
2 años	Padres	Autonomía vs. vergüenza y duda	Control propio y maestría o duda personal y temor
3-5 años	Familia	Iniciativa vs. culpabilidad	Propósito y dirección o pérdida de estima propia
6-11 años	Vecindario y la escuela	Industria vs. inferioridad	Competencia en alcances sociales e intelectuales o fracaso en avanzar en un desarrollo vocacional e intelectual
Adolescencia	Compañeros y otros grupos modelos de liderato	Identidad vs. confusión de rol (papel)	Un sentido de «alguien que es» o prolongada inseguridad sobre nuestro rol en la vida

Etapa	Relaciones sociales y personales	Crisis o conflicto	Posible resultado
Adulto joven	Compañeros en amistades; sexo; competencia, cooperación	Intimidad vs. aislamiento	Formación de relaciones personales profundas o el fracaso en amar a otros
Edad media	Divididos los trabajos y compartir tareas del hogar	Generativo vs. estancamiento	Expansión de intereses y cuidado de otros o tornarse hacia adentro a sus propios problemas
Vejez	Humanidad	Integridad vs. desencanto	Satisfacción con los triunfos y desencantos de la vida o un sentido de fracaso y temor a la muerte

Teoría de la personalidad de Karen Horney

Como ya se ha dicho, hay muchas teorías de la personalidad, y todas hacen su contribución para entender el comportamiento humano. No podemos citarlas todas. Una de estas teorías de la personalidad, que en mi observación tiene buen sentido, es la de Karen Horney.

Ella nos enseña cómo el ambiente social en que nacemos moldea nuestra personalidad. De acuerdo a ella, el niño en su temprana edad decide subconscientemente sobre una de tres maneras de enfrentarse a la vida: 1) moverse hacia las gentes; ser bueno y cooperar; 2) moverse en contra de las gentes; ser fuerte y pelear por sus derechos; y 3) moverse de las gentes: prefiere la soledad y hacer su propio mundo.[9]

La personalidad madura y saludable es la que puede integrar los tres aspectos en su vida y usarlos si la situación lo demanda. Cuando se asesora a una persona se trata de determinar en cuál de las tres categorías está, y esto ayudará a ofrecer el consejo apropiado.

---

9. Karen Horney, *Our Inner Conflicts* (New York: W. W. Norton & Co. Inc, 1945), págs. 42, 43.

4

V iaje por el inconsciente

El inconsciente existe desde que Dios creó al hombre, y los mecanismos de defensa desde que el pecado afectó la conciencia. Los actos se desenvuelven al margen de la conciencia. Para protegernos y mantener nuestra integridad, los seres humanos desarrollamos una serie de mecanismos de defensa que operan en un nivel inconsciente y subconsciente. El Dr. Jorge A. León hábilmente nos explica cómo la mente mantiene nuestro equilibrio emocional. Él escribe:

«La mente humana es semejante a un inmenso témpano de hielo; siete octavos de su volumen están por debajo del agua, no se ven. Pero hay una parte que con el movimiento de las olas a veces podemos ver y a veces no. Esta imagen nos sugiere la existencia de tres niveles. Leslie Weatherhead nos presenta la imagen de un tanque de agua al cual proyectamos una luz. Con la ayuda de una lámpara, vemos lo que está flotando en el agua. Igual ocurre con la mente, donde también hay tres niveles: lo consciente, lo subconsciente –algunos psicólogos llaman a este nivel preconciencia o anteconciencia– y lo inconsciente. Es imposible establecer una clara línea de demarcación entre estos niveles.»[1]

---

1. Jorge A. León, *Psicología pastoral para todos los cristianos*, p. 41.

La consciencia es aquello que se sabe con claridad, que podemos reconocer libremente. La subconsciencia es el dominio de emociones y complejos en oposición al reino consciente de la razón. En el subconsciente suelen reinar pensamientos, sentimientos y deseos egoístas, mientras que en el consciente suelen predominar las tendencias de carácter social. El inconsciente es el reino de los pensamientos incontrolados, que no recordamos en absoluto pero que están activos.[2]

Nada en realidad se olvida, la mente es como un inmenso grabador; todo lo que hemos dicho, visto, oído, vivenciado, lo tenemos dentro, está vivo y tiene poder. Conocer el inconsciente es muy importante ya que allí se encuentra el núcleo de toda neurosis.

¿Cómo se conoce el inconsciente? Hay diferentes maneras:

- los lapsus de la lengua,
- asociación de palabras,
- mediante el análisis de los sueños,
- exámenes psicológicos,[3]
- análisis de la escritura (grafología),
- análisis de los dibujos (pictografía),
- el lenguaje del cuerpo (no verbal),
- la preferencia de los colores,
- terminando oraciones.

El que mejor conoce y obra en el inconsciente es el Espíritu Santo. Para el consejero cristiano es de gran urgencia entender el ministerio del Espíritu Santo sobre el inconsciente. El Espíritu Santo trabaja sobre nosotros como una fuerza dinámica. ¿Cómo lo hace?

- Nos ilumina la Palabra de Dios.
- Nos redarguye de pecado (Jn. 16:8).
- Nos ayuda a orar.

---

2. Ibíd., págs. 41-42.
3. Ibíd., p. 43.

– Nos da nueva vida en Cristo.
– Nos santifica.
– Nos da testimonio que somos hijos de Dios.
– Nos consuela (Jn. 14:15-18).

Los mecanismos de defensa

El hombre, para no reconocer que es pecador, que tiene problemas o deficiencias en su personalidad, desarrolla una serie de mecanismos inconscientes de defensa. A base de experiencia clínica se han definido unos 40 mecanismos de defensa. De esa lista hemos escogido 15 mecanismos de defensa que comúnmente causan comportamiento neurótico.

Introyección

El uso de la introyección en el adulto es usualmente una señal de regresión. Sucede en el duelo de un ser querido como un intento de retener al ser perdido mientras el curso del duelo progresa. Ocurre más claramente en la depresión psicótica, donde el paciente percibe y representa las características de un ser querido como si fueran de él.

Por ejemplo: la persona se acusa no sólo de sus propias faltas sino también de las de algunas personas que simultáneamente odiaba y amaba.[4]

Proyección

La proyección es el esfuerzo del inconsciente por desviar hacia otros o hacia las circunstancias que nos rodean la censura que se debería aceptar como propia. También se conoce por

---

4. Norman Cameron, *Personality Development and Psychotherapy* (Boston Houghton Miffin, Co. 1963), págs. 234, 235.

externalización. El mecanismo consiste en evitar reconocer nuestras deficiencias y culpas atribuyéndolas a los demás. «No quiero pastorear gentes como éstas», dice el pastor proyectista, cuando el culpable de todos los problemas es él.

El mecanismo de proyección aparece ya en las primeras páginas de la Biblia. Nuestros primeros padres lo usaron:

> «La mujer que me diste por compañera me dio del árbol y yo comí» (Gn. 3:12). Es decir, tú hiciste la mujer y ella me dio de comer, luego es tuya la responsabilidad, por haberla creado. Pero Eva no se queda atrás: «La serpiente me engañó y comí» (Gn. 3:13). Luego si no hubieras creado a la serpiente yo no habría pecado. Desde nuestros primeros padres hasta hoy, este mecanismo continúa en uso.»[5]

La proyección es usada defensivamente por cada persona. Es nuestra víctima propiciatoria.

Identificación

Se usan defensivamente cuatro formas de identificación: 1) Identificación con un objeto de amor. Si la persona ama y odia a un ser querido, imita sus características para evitar la hostilidad. 2) Identificación con un objeto perdido para aliviar o cancelar el duelo. 3) Identificación con el agresor. La ansiedad es esquivada al hacerse semejante a un agresor o a una cosa a la que se teme. La agresión es entonces percibida como que salió de uno y está bajo su control. 4) Identificación por causa de culpa. Esto también es similar a la operación de la introyección. Es una identificación de autocastigo, que sale de una agresión hostil hacia una persona amada y odiada.[6]

---

5. Jorge A. León, op. cit., p. 57.
6. Norman Cameron, op. cit., p. 61.

Regresión

Como lo indica el nombre, se trata de un regreso. La regresión es usada normalmente todas las noches cuando dormimos. Algunos usan el sueño para escapar de sus problemas. Hay personas que, cuando se encuentran en dificultades, inconscientemente regresan a actitudes infantiles, que en sus primeros años de vida les servían para resolver algunos problemas, pero que ahora sólo sirven para ponerles en ridículo.

En vez de razonar debidamente, el individuo regresionista retorna a actividades que en su niñez le han valido éxito, como llorar, sollozar, gritar, adoptar aire de fastidio, simular enfermedad o acusar a otros.[7] Cuando asesoramos, una buena pregunta para hacer, a la luz de esta defensa, es: ¿Cómo resuelve usted sus problemas?

Represión

Represión es la relegación al subconsciente de percepciones de naturaleza desagradable. Un ejemplo de esto es la amnesia, la pérdida o la debilidad notable de la memoria. Experiencias dolorosas e indeseables son sepultadas en el inconsciente.

Jorge A. León, refiriéndose a esta defensa, dice: «Cuando tratamos de "matar" y "enterrar" algo que nos perturba, jamás lo logramos, porque matar una vivencia es imposible. Lo más que podemos hacer es enterrarla viva y desde el sepulcro del inconsciente nos va a visitar constantemente con sus macabras apariciones, sin saber quién y por qué nos crea situaciones raras y desagradables.»[8]

---

7. Jorge A. León, op. cit., p. 61.
8. Ibíd., p. 48

Negación

La negación juega un papel defensivo parecido al de la represión, pero ésta usualmente opera en el nivel preconsciente o inconsciente. El adulto niega lo que percibe, piensa o siente en una situación traumática, diciendo que no puede ser o negando su existencia.[9] Todos nosotros usamos la negación cuando recibimos alguna crítica, y antes de aceptar la validez de la crítica nos ponemos en defensa.

Reacción-formación

La reacción-formación es usada como un mecanismo de defensa cuando la represión es inadecuada y necesita ser reforzada. Es un desorden del carácter donde, por ejemplo, una exagerada limpieza o bondad meramente está cubriendo impulsos hostiles para ensuciar, ser cruel y destruir.[10] Usamos ciertas actividades para esconder lo que verdaderamente sentimos.

Desplazamiento

Desplazamiento consiste en deshacerse de impulsos o de vivir fantasías inconscientes, cambiando de un objeto a otro. Es comúnmente usado para evadir ansiedad cuando amar o airarse se hace peligroso. Un ejemplo de esto es el hombre que cuando su jefe lo humilla y le hace encolerizar, se encoleriza con su esposa o niño sobre algo sin importancia, sin comprender por qué se está portando así.[11]

Una persona que fue herida por su madre, por ejemplo, maltrata a otras mujeres y así cambia el objeto de su hostilidad.

---

9. Norman Cameron, op. cit., p. 239.
10. Ibíd., p. 240.
11. Ibíd., p. 240.

Tornándose en contra de sí mismo

Esto es una forma especial de desplazamiento. Impulsos o fantasías dirigidas hacia otras personas son redirigidos hacia uno mismo. Prefieren odiarse a sí mismos antes de odiar a otros. Estas personas pueden llegar a ser masoquistas; les trae placer recibir castigo y dolor.[12]

Aislamiento

Éste es un mecanismo inconsciente mediante el cual mantenemos alejadas de la conciencia aquellas asociaciones que no son deseables. Es como si se edificaran compartimentos lógicos cerrados que impidieran que un aspecto de nuestra vida mental llegue a saber lo que hace otro. Creamos barreras mentales para impedir que una parte de nuestra personalidad vea lo que hace la otra.[13]

Ritualismo y deshaciendo

El rito humano es una de las formas más primitivas de alcanzar control sobre nuestro ambiente, sobre el comportamiento de otras personas y sobre nosotros mismos. El rito es un aspecto normal de la sociedad y no siempre es un mecanismo de defensa. Las penitencias, nuestros códigos penales y nuestras penitenciarías están todos basados en la convicción de que los males se pueden deshacer por medio de ritos o privaciones. Existen ritos compulsivos, por ejemplo, bañarse tres veces al día para deshacerse de algún germen o algún acto inmoral, y esto es deshacer.[14]

---

12. Ibíd., p. 214.
13. Jorge A. León, op. cit., págs. 58-60.
14. Norman Cameron, op. cit., págs. 243, 244.

Intelectualización y racionalización

La intelectualización es un mecanismo de defensa mediante el cual el individuo rehúye el sufrimiento emocional suplantando la interpretación emocional de la situación amenazante por una interpretación intelectual, mientras que la racionalización es un mecanismo de defensa mediante el cual el individuo intenta justificar sus actos o creencias. Todos nosotros usamos este mecanismo de defensa diariamente.

Para Paul Johnson, la racionalización es «la victoria del deseo sobre la razón».[15] La persona madura es la que acepta la responsabilidad de sus actos, sin culpar a otros de ser los causantes.

Sublimación

La sublimación es un mecanismo de defensa mediante el cual los impulsos inaceptables se canalizan para convertirlos en actividades socialmente aceptables. Una persona sádica, por ejemplo, que le guste ver correr la sangre, estudia para cirujano. Una persona homosexual, que se avergüenza de su preferencia sexual, estudia para el sacerdocio.

Neurastenia e histeria

Esta clasificación contiene perturbaciones emocionales a menudo llamadas «trastornos psicosomáticos». Estas perturbaciones representan la somatización de conflictos emocionales y tensión crónica. En vez de dejar que los conflictos y ansiedades surjan a lo consciente, el individuo intenta reprimirlos. Al negársele salida emocional, esta tensión se abre paso dentro del cuerpo y provoca los síntomas fisiológicos.[16]

---

15. Jorge A. León, op. cit., p. 53.

16. Clyde M. Narramore, *Enciclopedia de problemas psicológicos* (Grand Rapids, MI, Zondervan Pub. House y Logio Inc., 1971), págs. 15, 16.

La conversión más común de conflictos en trastornos físicos es aquella que «convierte» el conflicto espiritual o mental en síntomas físicos. «Pero es preciso señalar», enseña Jorge A. León, «que también suele ocurrir la conversión al revés, es decir, que las enfermedades crean conflictos espirituales o emocionales».

La neurastenia es un tipo de conversión. Las personas neurasténicas se sienten muy débiles, no tienen apetito, a veces experimentan deficiencias en la respiración, palpitaciones o pesadez. Van al doctor y éste les dice: «Usted no tiene nada.» La persona está bien físicamente, pero mentalmente está pasando por grande ansiedad. Otro tipo de conversión es la histeria. El histérico desarrolla impotencias totales, tales como la parálisis, sordera, ceguera, etc. La enfermedad es real, pero no viene de deficiencias físicas, sino espirituales y emocionales.[17]

El inconsciente y los sueños

Freud llamó a los sueños «el camino real al inconsciente». El sueño es una de las mejores maneras que podemos usar para asesorar la mente inconsciente. El sueño nos ayuda a expresar cosas que no podemos expresar durante el día. Nos ayuda a experimentar algunos de los placeres de la infancia y temores de la niñez, y reactiva conflictos inconscientes del pasado que no hemos podido amaestrar.

Es esencial que soñemos. Experimentos recientes indican que todo el mundo tiene tres o cuatro sueños cada noche, aunque muchas veces no recordamos el sueño. Todos tenemos que permitirnos un poco de experiencia psicótica cada noche para poder ser normales el próximo día.[18] En otras palabras, el sueño es una forma de desahogo emocional. El sueño es una manera en que la mente de la persona vive sus deseos y

---

17. Jorge A. León, op. cit., págs. 48-51.
18. Norman Cameron, op. cit., págs. 210-212.

resuelve sus conflictos. Si el contenido del sueño se repite otras noches es muy seguro que representa un problema que el individuo no ha resuelto. Si el conflicto es muy grande, el sueño es más agudo y se manifiesta en forma de pesadilla.

Como cristianos tenemos que aprender la diferencia entre el sueño natural y el sueño espiritual. Dios se revela por medio de los sueños. En el Antiguo Testamento, José y Daniel, fueron usados por Dios para interpretar los sueños de sus respectivos gobernadores. Los sueños de estos gobernadores fueron inducidos por Dios. Conocer la diferencia entre un sueño enviado por Dios y uno que es el resultado de los problemas de la vida diaria es algo que se discierne espiritualmente.

Mi profesor de psicología pastoral me enseñó el siguiente bosquejo para analizar los sueños:

1) El sentir: ¿se sentía alegre, temeroso o incierto?
2) El problema: ¿no podía hablar, no podía correr, lo estaban asaltando?
3) La solución: ¿terminó el sueño con una solución al problema? Si no hubo solución es muy seguro que lo que está causando ansiedad a la persona no se ha resuelto.

Los sueños se manifiestan en un lenguaje simbólico. El libro de Apocalipsis, por ejemplo, es altamente simbólico y para comprenderlo es importante tener buen conocimiento de toda la Biblia. Para poder conocer los símbolos de los sueños tenemos que tener una idea de sus significados en la vida real. Algunas veces, lo que usted experimenta durante el día lo experimenta simbólicamente por la noche en un sueño. Los siguientes son algunos de estos símbolos y sus posibles significados. Un símbolo puede tener diferente significado en cada sueño, el trasfondo del sueño es lo que nos da la aproximación de su significado. Si el sueño es relacionado a la vida espiritual, es posible que los símbolos representen conceptos bíblicos. Interpretando sueños de cristianos he encontrado, por ejemplo, que sueñan mucho con perros o mujeres vestidas de blanco. Los perros eran hermanos que no vivían una vida santa, y la mujer usualmente representaba la congregación local.

- *Ser perseguido:* temor a alguien.
- *Perseguido por animales:* conflicto con los instintos.
- *Caerse:* perder su vocación o hacer una decisión personal.
- *Volar:* sentido de inferioridad.
- *Examen:* miedo a fracasar o a no poder complacer a alguien.
- *Olvidar las palabras de una poesía o drama:* no querer hacer cierto papel.
- *Frustración por no poder abrir una puerta:* una barrera en sus metas.
- *Perdido:* miedo a ser abandonado.
- *Desnudo:* avergonzado, miedo a ser descubierto, deseo de ser libre.
- *Perder el ferrocarril o avión:* temor a que se le pierda algo.
- *Hundirse en agua:* fuerzas terribles, bautismo para quitarse alguna culpa.
- *Su hogar de cuando era niño:* revivir conflictos con sus padres o familia. Problema con alguna persona en autoridad.
- *Amigo del pasado:* una nueva relación.
- *Animales:* representan gentes, la persona tiene características de animales; un falso hermano en el sueño se ve como un perro, el diablo como un león, etc.
- *Alguien está muerto:* ira contra la persona; *nuestra muerte:* irritado con fracasos personales, escape a la crítica, deseo de una nueva vida, el fin de algo.
- *Mujer desconocida:* tentación, iglesia.
- *Serpiente:* tentación sexual, miedo a ultraje.
- *Cuchillos, lanzas, flechas, pistolas:* miedo a ataque sexual, asalto, etc.

Esta lista nos da suficiente material para aprender a analizar nuestros sueños.

El lenguaje corporal

La ciencia llamada *kinesics* trata con el lenguaje corporal, o sea, la comunicación no verbal. La lengua del cuerpo puede incluir cualquier movimiento no reflejado o reflejado de una parte o de todo el cuerpo, usado por una persona para comunicar un mensaje emocional al mundo externo. La forma en que las piernas están cruzadas pueden decir lo que la persona está sintiendo en ese momento. Ninguna posición o movimiento del cuerpo tiene un significado preciso en sí mismo. En otras palabras, no podemos decir siempre que cruzarse los brazos sobre el pecho significa «no te dejaré entrar». A veces es verdad y a veces no, los gestos sólo son significativos en el contexto del comportamiento completo de la persona.

Todos los gestos tienen significados, pero unos son más significativos que otros. Algunos gestos no significan nada en una cultura, pero mucho en otra.[19] El 35% de la comunicación es verbal y el otro 65% es corporal. El rostro humano es capaz de hacer 250.000 expresiones diferentes.[20]

Los gestos y sus significados:

- *Mientras la persona habla se cubre la boca con los dedos:* no debo decir lo que estoy por decir, culpabilidad, secreto.
- *Ajustarse la corbata, pasarse la mano por el cabello:* deseo de coquetear o impresionar al sexo opuesto.
- *Cruzar las manos alrededor del pecho:* protección, defensa, resistencia.
- *Rascarse la nariz:* escepticismo y rechazo.
- *Dar con los pies o moverlos mucho:* impaciencia, irritación.
- *Cubrirse los ojos con las manos:* indicación de temor o vergüenza.

---

19. Julius Fast, *Body Language* (New York: M. Evans and Co., 1970), págs. 10, 11, 118.
20. Ibíd., págs. 31-33.

- *Dilatación de las pupilas de los ojos:* interés, placer en algo visto.
- *Dar con los dedos en forma de tambor:* impaciencia, frustración y ansiedad.
- *Dedos unidos en la forma de una torre de iglesia:* se siente «santurrón» o superior.
- *Entrecruzar las manos y los dedos:* confianza, satisfacción.
- *Subir o bajar las cejas:* sorpresa o ira.
- *Tornar el cuerpo a lo opuesto de la persona durante el curso de una conversación:* rechazo u oposición.
- *Jugar con la sortija de matrimonio:* problemas maritales, deseo de cometer adulterio.
- *Pararse con una mano en la cintura y otra en la quijada:* escepticismo, rechazo.
- *Uno que constantemente toca a otro mientras habla:* revela su falta de confianza en sí mismo.
- *Hombros retraídos:* ira reprimida.
- *Hombros alzados:* temor.
- *Hombros cuadrados:* dispuesto a enfrentarse a las responsabilidades.
- *Hombros doblados:* llevando una grande carga.
- *Mantenerse más alto que la otra persona:* deseo de dominar.
- *Quedarse detrás del escritorio de su oficina:* mantener superioridad.
- *Salirse del escritorio y sentarse a su lado:* deseo de igualdad.
- *Sentarse en medio de un salón:* deseo de ser el centro de atracción.
- *Sentarse en la esquina:* no me molesten mucho.
- *La distancia física entre personas:* a) distancia de intimidad: hijos y familia, novios; b) distancia personal: amigos (2 pies); c) distancia social: negocios, extraños, jefe (4 a 7 pies); d) distancia pública: escuela iglesia.

Grafología

Aunque escribir es un acto físico, es un acto que requiere la completa cooperación y atención de nuestras mentes. Siendo que el escribir requiere el uso completo de nuestra mente, es entonces obvio que nuestro estado de mente será reflejado en las maneras que formamos nuestras letras y rayas. En otras palabras, su personalidad, sus emociones, su intelecto, su energía, todo esto, y aún más, está en la punta de su pluma de escribir.

La grafología es una ciencia que combina el estudio de factores físicos y emocionales. Esto nos ayuda a comprendernos a nosotros y a otros.

Cartografía emocional:

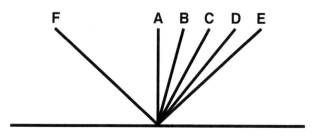

Esta cartografía le enseña el valor de los diferentes grados de inclinación en la escritura.

1. La escritura que es vertical o se inclina de A a B enseña que el buen juicio domina. El escritor se enfrenta a las emergencias con calma.
2. La escritura que se inclina de B a C es de una persona ligera a responder con simpatía en una situación emocional.
3. La escritura que se inclina de A a D da evidencia de un individuo impulsivo y expresivo. Llora fácilmente, por ejemplo, cuando escucha un sermón emocionante.

4. La escritura que se inclina de D a E da evidencia de una persona que responde muy emocionalmente. Comienza las cosas con mucho entusiasmo, pero pronto se cansa.
5. La escritura que se inclina a la izquierda del centro (F), es de una persona que no enseña mucho entusiasmo y es egocéntrica.[21]

La siguiente lista nos ayuda a analizar la escritura.

1. Lo primero a notar es el tamaño de la escritura:
   a) Letra grande: extrovertido, trabajador y metódico.
   b) Letra mediana: es la letra normal y por lo tanto no tiene mucho significado hasta que se estudian otras características, como la inclinación, etc.
   c) Letra pequeña: persona concisa e interesada en los detalles, piensa las cosas bien, le gusta la soledad pero se interesa en las gentes. La escritura de personas versátiles puede variar en tamaño dependiendo de su estado de ánimo al escribir.
2. Optimismo o pesimismo.
   a) Letra que corre hacia arriba: el escritor se siente alegre, optimista y ambicioso.
   b) Letra que corre hacia abajo: el escritor se siente depresivo, pesimista, sin energía y sin esperanza.
   c) Letra que no corre ni hacia arriba, ni hacia abajo: la persona se siente normal, se siente sin problemas.
3. Manera de pensar.
   a) Escritura metódica sin romperse: persona que razona bien, mente literal y lógica.
   b) Escritura conectada y desconectada: persona que piensa lógica e intuitivamente.
   c) Escritura totalmente desconectada: persona inteligente, salta a conclusiones, ligero para percibir ideas y situaciones.

---

21. M. N. Bunker, *Handwriting Analysis* (Chicago: Nelson-Hall, Co., Publishers, 1966), págs. 17, 18.

4. Márgenes y legibilidad.
   a) Letras demasiado agrupadas: persona precavida, su manera de pensar está enredada.
   b) Letras esparcidas igualmente: tiene la situación bajo control.
   c) Márgenes iguales en el papel: persona que planea su vida cuidadosamente.
   d) Escribir sin dejar márgenes: persona que amontona su vida, todo lo guarda, siempre está ocupada.
   e) Escribir dejando un ancho margen a la izquierda: persona justa, generosa, de mente abierta, malgasta el dinero.
   f) Escritura ilegible: el escritor no tiene deseo de comunicar, egoísmo, persona inteligente.
5. El grueso de la escritura.
   a) Escritura bien gruesa: personas emocionales, de confianza propia, enérgicas y más interesadas en cosas materiales que en otras personas.
   b) Escritura delgada, sin mucha presión: no son materialistas, son sensitivos y refinados.
   c) Escritura de grosura mediana: aman a las gentes y las cosas, no son tímidos ni agresivos, están bien balanceados.
6. La ligereza de la escritura.
   a) Letras descuidadas en deletreo y puntuación: personas que piensan ligero.
   b) Demasiado ligera, con palabras borradas y vueltas a escribir: ansiedad.
   c) Escritura lenta: persona bien controlada o falta de energías.

Cuando estudiamos la escritura se le debe de poner atención a la manera en que se hacen los lazos en las letras. Los lazos representan nuestras metas e ideales; su altura indica lo que queremos alcanzar y su profundadidad indica lo materialistas que somos. La anchura del lazo indica nuestra capacidad para expresarnos, prudencia y generosidad.

La manera en que las personas escriben las letras mayúsculas es indicativa de su actitud hacia las autoridades, su grado de orgullo y sus gustos personales. Letras mayúsculas grandes revelan a alguien con mucho orgullo y costosos gustos. Letras mayúsculas pequeñas revelan a una persona modesta, cooperativa y de simples gustos.

El análisis de la formación de las letras minúsculas indica si la persona está inclinada a ser obediente o a ser independiente y expresar individualidad. La manera en que cruzamos la letra «t» o ponemos el punto sobre la «i» revela algo de nuestra personalidad.[22] Recordemos que la variedad en la escritura refleja a una persona versátil; letras y líneas grandes indican a una persona generosa y complacida consigo misma; y letras y rayas pequeñas, a personas menos dispuestas a dar o revelar su personalidad.

Análisis de la pictografía

Todos nosotros dibujamos y hacemos garabatos mientras nuestros pensamientos están en otro lugar. Pocas personas saben que la pictografía es un símbolo ilustrado que refleja nuestro humor, emociones y personalidad. El análisis de la pictografía está estrechamente relacionado con la ciencia de la grafología.

Al analizar el borrajear es importante observar las siguientes guías:

1. No salte a conclusiones sobre lo que significa el borrajear.
2. Ponga atención a los detalles. Cuantos más detalles tiene, más grande es su significado.
3. Ponga atención a la manera en que el borrajear fue dibujado. Observe la grosura de las líneas: la línea gruesa representa a una persona enérgica; la línea delgada a

---

22. *Handwriting Analysis* (New York Dell Publishing House, Co. Inc., 1962), págs. 5-30.

una persona más espiritual que sensual. ¿Son las líneas feas y desagradables a la vista? La persona está representando algo de su persona que le es desagradable. ¿Son las líneas rígidas y mecánicas? La persona es sobrecontrolada y huye del envolvimiento emocional.

4. Cada borrajear representa un solo estado de ánimo. Algunos borrajeados son dibujos, mientras que otros son diseños, líneas y garabatos. Todos revelan algo de la personalidad del que los hace. Las personas que escriben variedades de diseños son más versátiles.

Dibujos de gentes, rostros y figuras

1. Cuando dibujamos a nuestro propio sexo estamos dibujando una imagen inconsciente de nosotros mismos y cómo nos sentimos en el momento.
2. Cuando dibujamos al sexo opuesto enseñamos nuestra actitud hacia uno o más miembros de ese sexo.
3. Dibujos de figuras completas dice mucho de nuestra actitud hacia nosotros o el sexo opuesto.
4. Dibujo de un miembro del cuerpo indica interés en esa parte del cuerpo y de lo que representa. Quizás, por ejemplo, el que dibuja unos ojos penetrantes cree que todo el mundo lo está observando o criticando.

Dibujos de animales y otras criaturas

Las personas se identifican con las criaturas que dibujan revelando de esa manera su estado de ánimo al momento.

1. Estudie el animal que fue escogido y cómo fue dibujado. ¿Está alegre, triste o serio? Una mujer encinta que tiene ansiedad sobre su embarazo dibujaría un conejo.
2. Si los dibujos son de criaturas ásperas, es posible que la persona tenga una personalidad torcida.
3. Busque el simbolismo obvio de la especie de criatura

dibujada. Si la persona dibuja una tortuga es muy probable que piense que está haciendo poco progreso en la vida.

4. Vea si el animal dibujado está quieto o en movimiento. Eso representa un deseo de avanzar en la vida o de escapar.

Dibujos de casas y árboles

Ningún dibujo dice más de nuestra personalidad que el de una casa, un árbol y una persona.

1. ¿Es la casa amigable? Si la casa tiene muchas ventanas representa a una persona que no tiene nada que esconder. Plantas alrededor de la casa simbolizan amor al hogar y a la familia.

2. Si la casa no es amigable y se ve áspera, la persona es depresiva y no quiere que nadie entre. Las personas que no se sienten amadas dibujan casas que se ven frías y cerradas.

3. Si el dibujo es de un árbol, estudie su tronco. Un árbol de tronco corto y frondoso revela a una persona de autoconfianza y ambiciosa. Si el tronco es alto y no muy frondoso arriba revela a una persona inmadura. Si el tronco es mediano, con las hojas colgando por los lados, revela a una persona indecisa, emocional y fácil de abusar.

4. Estudie la parte alta del árbol; si la parte alta es derecha y en forma de una nube la persona es soñadora y amigable; si es en forma de arcos y se inclina a la izquierda revela a una persona que revive el pasado y es pensativa; si es frondoso y rizo inclinándose a la derecha revela a una persona de buen humor.

5. Si las ramas cubren la parte alta del árbol note la dirección de éstas: si se inclinan hacia abajo es que la persona está depresiva; si las ramas parecen tener puntas como espinas es que la persona es criticona y agresiva; si las ramas señalan hacia arriba es que la persona es dispuesta, ambiciosa y de buen genio.

Palabras e iniciales

1. Los nombres son las palabras que más se borrajean. Escribir un nombre con letras grandes enseña un gran interés en la persona nombrada. Un nombre contenido en una caja o cuadro indica el deseo de proteger a la persona nombrada.
2. En el dibujo de una palabra el significado es obvio. Si escribe la palabra «dinero» es que la persona tiene problemas financieros.

Vehículos

1. Estudie la clase de vehículo dibujado. Si es un bote, la persona desea ir a un lugar sereno y solitario. Si es un barco de lujo, enseña el deseo de buscar descanso, pero con otros.
2. Si son vehículos que corren o vuelan rápidamente, revela el deseo de cambiar de situación o de tomar alguna decisión dinámica.
3. Vea si el vehículo está en movimiento o parado; parado representa algún temor, y en movimiento es señal de que está haciendo avance.

Círculos

Los dibujos de círculos representan una personalidad pasiva o un estado de ánimo. Cuanto más redondo es el círculo, más amante y sentimental es la persona.

Dibujos de cajas y triángulos

Los que dibujan cajas y triángulos son los más lógicos de los dibujantes. Son personas buenas para organizar. Son personas agresivas y fuertes de genio o testarudas.

Dibujos de líneas con curvas

Cada borrajeada tiene líneas. Algunas son sólo líneas.

1. Considere la forma de la curva. Esta línea representa a una persona que es sensitiva y tolerante.

Ésta representa a una persona cuyo estado de ánimo cambia espontáneamente. La persona puede estar contenta un minuto y deprimida el otro.

2. Estudie la altura o profundidad de los lazos.

    a) Los lazos revelan a una persona que es creativa e idealista.

    b) Lazos anchos y bajos representan a alguien que le falta vitalidad e imaginación.

Dibujos de líneas derechas

Mire si las líneas son verticales u horizontales.

1) Horizontales: planean por adelantado.
2) Verticales: personas con aspiraciones elevadas.

Dibujos de garrapatear

1. Si el garabato corre hacia abajo y fue hecho con presión, revela a una persona testaruda, cuyo estado de ánimo estaba deprimido.

2. Si el garabato corre hacia arriba y tiene líneas livianas, indica a una persona gentil y optimista.

Hay tantas clases de borrajeados como hay tantas personas diferentes y no se pueden explicar fácilmente las diferentes variedades. Sin embargo, con la práctica, muchos de estos dibujos y garabatos se pueden interpretar.[23]

La psicología de los colores

Todos los colores de su auto, cortinas o bata de baño dicen algo de su personalidad. La preferencia por un color, muchas veces refleja su estado de ánimo, su temperamento básico o, en algunos, el estado de ánimo que les gustaría alcanzar.

¿Cuál es su color favorito? ¿Sabe por qué? A veces, el autor de esta obra ha podido asesorar a algunas personas porque notó el uso constante del mismo color en sus formas de vestir.

Rojo

El color rojo representa gran actividad y vitalidad, dirigidas hacia el éxito y la conquista y un gran deseo de experimentar y saborear todos los placeres de la vida. El amante del rojo frecuentemente es un iniciador y promovedor de eventos: no es un tipo que se sienta quieto como espectador. El rojo representa «impacto de voluntad».

Amarillo

El color amarillo representa brillantez, esplendor, alegría y una esperanza optimista de conseguir mayor felicidad. La persona que prefiere el amarillo está buscando libertad para ser

23. Joshua M. Rabach, *What Your Doodles Mean?* (New York: Dell Pub. Co., 1972), págs. 2-58.

creativo. La persona es activa, aspirante e investigadora. El amarillo representa espontaneidad.

Verde

El color verde representa a una persona introspectiva, defensiva, pasiva y posesiva. Es también caracterizada por la precisión, atención a los detalles, deseos de ser reconocida y asertiva. Es dada a la perseverancia. A la persona que prefiere el verde le gusta impresionar, estar en control, ser reconocida, y victoriosa en sus esfuerzos. El verde representa «elasticidad de voluntad».

Azul

La persona que prefiere el azul busca paz y un ambiente callado. Son pasivos, tiernos, sensitivos e introspectivos. Buscan satisfacción trabajando por la unidad y lo sano. Son confiados, amantes y devotos. La persona que le gusta el azul busca paz emocional o fisiológica, contentamiento y sanidad. El azul representa «profundidad de sentir».

Púrpura

Es una persona que sufre inseguridad, lo que es reflejado por su necesidad de un mundo de fantasía. No es realista, es demasiado romántico y buscador de una experiencia excitante. La persona a la que le gusta el color púrpura usualmente es joven y todavía está fijada en el estado de niñez donde se identifica con los caracteres de su fantasía. El color púrpura representa «identificación mágica».

Asociación de palabras

El inconsciente puede ser conocido también a través de la asociación de palabras. Hay diferentes maneras de asociar palabras y oraciones, que revelan lo que está inquietando al inconsciente. Una manera es por medio de la terminación de oraciones: «Me siento triste cuando…», si la persona responde: «Cuando estoy solo», por ejemplo, es obvio que tiene temor a la soledad. Es importante averiguar la etimología del problema y ofrecer posibles soluciones.

Otra manera es pronunciando una palabra y pedirle a la persona que la asocie con otra. Por ejemplo, a una joven que está teniendo problemas en la escuela usted le puede decir: «maestra», y ella responde con lo primero que le viene a la mente, que podría ser «insensitiva». Su respuesta le podría dar una clave sobre el posible problema.

Otra forma es preguntándole a la persona qué animal, metal, fruta o flor le gustaría ser. En una ocasión les pregunté a dos jóvenes qué animal les gustaría ser. Uno contestó que una jirafa y el otro que un perrito chihuahua. El que dijo una jirafa estaba acomplejado porque era bajo de estatura, y el que dijo un chihuahua estaba acomplejado porque era muy alto de estatura. A otra joven casada que le hice la pregunta me contestó que quería ser una vaca, y así pude averiguar que deseaba tener hijos, pero su marido quería evitarlos. A una joven gruesa, cuando le pregunté qué material le gustaría ser, me dijo: «aluminio», revelando así que su gordura le acomplejaba.

Otra forma es contestando oraciones con «cierto» y «falso». Por ejemplo: «Me siento culpable por casi cualquier cosa que hago.» Una respuesta de «cierto» a esta oración revela una gran carga de culpabilidad.

5

_L_ as técnicas de aconsejar

Las técnicas de aconsejar en nuestros días son varias y cada una tiene cierto valor. Es bueno tener en mente desde el principio que el asesoramiento pastoral no es decir a las gentes lo que tienen que hacer, sino enseñarles las opciones para que ellas decidan el curso a tomar. Ése es el propósito de las técnicas.

El pastor consejero no necesita entregarse a ninguna teoría, escuela o punto de vista respecto al asesoramiento. No hay una sola teoría que haya probado ser efectiva en todas las situaciones, ni siquiera en tipos específicos de situaciones. Realmente, hay muchas maneras de abordar el asunto y las teorías pueden ser correctas, es decir, tal vez resulten efectivas en ciertas situaciones, mientras que en otros casos aparentemente no hay teoría o tratamiento que dé resultados satisfactorios.[1]

La técnica no directiva

La técnica no directiva enseña que cada persona tiene dentro de sí misma la solución de los problemas. La dificultad consiste en hacerlos salir. El énfasis es mayormente en escuchar y dejar que la persona resuelva su problema. La persona descubre que

---

1.   James Hamilton, *El ministerio del pastor consejero* (Kansas City, Missouri: Casa Bautista de Publicaciones, 1975), p. 52.

tiene que tomar sus propias decisiones y lo único que puede hacer el pastor es ayudarla a encontrar las raíces del mal.

La técnica directiva

La antítesis es la técnica directiva, que dirige todo el proceso, a diferencia de la técnica no directiva que está centrada en el feligrés en conflicto. El pastor es responsable de descubrir las causas del problema, pero con la ayuda del feligrés.

En líneas generales, es más conveniente usar la técnica no directiva, pero, según la experiencia personal, frecuentemente se hacen combinaciones de ambas técnicas.[2]

La técnica de asesoramiento en crisis

Esta técnica pone su énfasis en el rol del pastor o líder cristiano cuando se tiene que intervenir en crisis que impactan familias o individuos sin avisar y con consecuencias desastrosas.

La dinámica de la crisis

Definición de «crisis»: Un estado en el cual la gente ha fracasado en resolver un problema, están desequilibrados y exhiben las siguientes cuatro características de una crisis: síntomas de estrés, actitud de pánico o derrota, enfoque sobre el alivio y una eficiencia decreciente. Dicho de otra forma: Una crisis es cualquier evento o serie de circunstancias que amenazan el bienestar de la persona e interviene con las rutinas de la vida diaria.

---

2. Jorge A. León, *Psicología pastoral para todos los cristianos,* págs. 147, 153, 157.

Según nos enfrentamos a la vida, todos confrontamos crisis: la muerte de un ser querido, pérdida de empleo, divorcio y otros. Éstos son los eventos de la vida que cuando nos acontecen nos hacen sentir amenazados, ansiosos, confundidos y deprimidos.

Las crisis se pueden dividir en dos amplias categorías: las crisis de desarrollo, que suceden en tiempos predictibles en el progreso de la vida, y las crisis accidentales, que no se pueden predecir y que, por lo tanto, atacan con más fuerzas. Por ejemplo, la inesperada despedida de un trabajo. Esto puede crear tremenda ansiedad y confusión sobre una persona al contemplar el futuro. Usualmente la persona en crisis usa sus métodos habituales de enfrentarse a los problemas. Cuando ve que sus recursos emocionales e intelectuales no le ayudan, tiende a buscar ayuda.

La unicidad de cada crisis

Cada situación de crisis es única. Las circunstancias, personalidades, la salud emocional de las personas envueltas y su experiencia (o falta de ésta) en tratar con las crisis influyen en los resultados de las crisis. Algunas fracasan en confrontar las crisis pronto, mientras que otras tienen reservas escondidas que les ayudan a luchar aun con una crisis prolongada.

Algunas características que se presentan durante las crisis son comunes: ansiedad, impotencia, dependencia de otros e ira. La ira muchas veces se torna hacia las personas que le están ayudando y hacia Dios. La ira hacia Dios es seguida por un sentido de culpabilidad.

Soportando la crisis

La crisis puede ser un punto culminante en nuestras vidas. Si la soportamos con resultados positivos, otras crisis serán más fáciles de confrontar. Si la persona fracasa en confrontarlas, se desarrollan sentimientos de fracaso que se derraman sobre otras crisis, haciendo más dificultoso adaptarse al futuro. Esto demuestra la importancia que tienen el pastor y la iglesia en las crisis de sus miembros.

Maneras saludables y enfermas de confrontar las crisis

ENFERMAS:
1. Niegue que el problema existe.
2. Evada el problema (por ejemplo, emborrachándose).
3. Rehúse buscar o aceptar ayuda.
4. Esconda el hecho de que tiene sentidos de dolor, ira, culpabilidad, etc.
5. No medite sobre la naturaleza de la situación.
6. No piense en formas prácticas de tratar con la crisis.
7. Acuse a otros de causar la crisis y espere que otros sean responsables de tratar con la crisis.
8. Déles la espalda a sus amigos y familiares.
9. Rehúse orar por la crisis.
10. Convénzase de que la crisis es evidencia del castigo de Dios sobre usted.

SALUDABLES:
1. Acepte el hecho de que existe un problema.
2. Trate de entender la situación mejor.
3. Abra canales de comunicación con amigos, familiares, pastores u otros que le puedan ayudar.
4. Confronte sus sentimientos negativos de dolor, etc., y considere acciones y formas de ver las cosas para tratar con esos sentimientos.
5. Separe lo que se puede cambiar de lo que no tiene solución y acepte lo que no se puede cambiar.
6. Explore formas prácticas de tratar con el problema y tome los pasos (aunque pequeños) de tratar.
7. Acepte la responsabilidad de tratar con los problemas, aun problemas que han salido de situaciones fuera de su control.

8. Acérquese a sus amigos y familiares.
9. Ore sobre el asunto y comparta con honestidad su problema con Dios.
10. No se olvide de la soberanía de Dios,el cual ama la humanidad y se preocupa por sus necesidades.

Intervención en la crisis

No hay una fórmula exacta para ayudar a la persona en crisis, pero hay algunas cosas que se pueden hacer en casi todos los casos.

1. *Haga contacto.* Es dificultoso ayudar a las personas de larga distancia. Cuanto más cerca esté usted y más ligero llegue cuando hay crisis, más efectiva será su intervención.
2. *Reduzca la ansiedad.* Esto no se consigue pidiéndole a la persona en crisis que piense en otra cosa. Ellos quieren hablar de la situación, explicar el problema, pensar en los tiempos felices del pasado y sentirse libres de expresar sus emociones de tristeza, dolor, culpa o ira. El consejero debe demostrar calma, simpatía y aceptación mientras la persona habla.

Algunas veces la reducción de ansiedad envuelve llevar la carga de la ira de la persona, ayudarla a ver el problema, felicitarla por los pasos que ya ha tomado para resolver la crisis y ayudarla a ver que todavía hay esperanza. No se apresure a decir «Todo obra para bien...» (Ro. 8:28), hasta que haya tomado tiempo para entender bien la situación. Cuando la crisis envuelve varias personas o una familia, es mejor ayudar a la persona con más ansiedad. No todos tienen la misma fuerza emocional.

Centralícese en el problema

En medio de la crisis es fácil ver muchos asuntos, cada cual parece ser devastador. El consejero puede hacer varias cosas en este punto. Primero, ayude a la persona en crisis a explorar la situación presente describiendo sus sentimientos, pensamientos y planes (si tiene alguno), su interpretación del evento y su esfuerzo para resolver el problema. Este proceso ayuda a ver las amenazas del problema y cómo tratarlas.

Después se debe de llegar al verdadero problema y hacer una lista de los recursos disponibles (dinero, habilidades, personas que pueden ayudar, etc.), una lista de las diferentes opciones que tiene la persona y una evaluación de cada opción. Si la persona no conoce todas las opciones, el consejero puede añadirlas a la lista, pero acuérdese de que las personas en crisis son fáciles de influenciar, por lo tanto, debemos tener cuidado de no forzar nuestras soluciones.

Anime a la acción

En ocasiones, con ayuda o sin ayuda, la persona en crisis decidirá un curso de acción, pero después sentirá temor de poner el plan en acción. Aquí el consejero debe de ayudar a la persona a ayudarse a sí misma. Hay personas que no se ayudan si no son motivadas (son procrastinadoras), y esperar mucho puede empeorar la situación.

Ayude con la aceptación

Aceptar una crisis es el primer paso para resolver el problema. Algunas crisis traen cambios permanentes, por ejemplo, la muerte de un ser querido. No aceptar la muerte de un familiar es prolongar el problema y atrasar la solución.

Jesús como consejero de crisis

Un caso conocido de intervención en crisis está registrado en Juan 11. Éste envuelve una enfermedad mortífera, peligro personal (a Jesús lo buscaban para matarlo) y la pérdida de un ser querido. Cuando Lázaro se enfermó, su hermana le envió un mensaje a Jesús: «Señor, tu amigo querido está enfermo» (Jn. 11:3).

Haciendo la historia corta, observe cómo Cristo trató con la situación.

- Le explicó a los discípulos lo que estaba sucediendo, «la enfermedad no terminará en muerte» (11:4,14, 15).
- Dejó que Marta expresara sus sentimientos y confusión (11:21, 22).
- Él le dio seguridad y esperanza de una forma calmada (11:23, 25, 26).
- Le dijo que él era «la resurrección y la vida» (11:25).
- Dejó que María expresara sus sentimientos, que parecían tener reproches (11:32).
- No les pidió a las gentes que dejaran de gemir, sino que, al contrario, expresó su propio dolor (11:33-36).
- Con calma recibió la crítica de algunos de los que estaban tristes (11:37), aunque eso lo conmovió profundamente (11:37, 38).

Después Jesús tomó acción y Lázaro fue resucitado. Un consejero no resucitará una persona como lo hizo Jesús, pero sí podemos imitar su ejemplo en cómo tratar y ayudar en crisis. No nos olvidemos de que los problemas son oportunidades para ayudar. Dése cuenta que Jesús en la crisis de Marta y María no jugó con sus emociones, no les robó su libertad para dudar, criticar, resistir o creer en él. Dios usa las crisis para acercar a sus hijos a él.[3]

Lista para evaluar la crisis

I. El evento que precipitó la crisis
A. ¿Qué evento ha ocurrido recientemente?

---

3. Gary Collins, *How to be a People Helper* (Santa Ana, California: Vision House Publishers, 1976), págs. 71-83.

B. ¿Se está arreglando o empeorando la situación?

C. ¿Hay otras crisis que hacen que la presente crisis sea el golpe fatal?

D. ¿Es el primer evento la verdadera crisis o hay una crisis peor en el trasfondo?

II. Percepción

A. ¿Cuál es la percepción del peligro de esta persona?

B. ¿Cuál es la percepción de pérdida?

C. ¿Qué mensaje sin realidad se está dando la persona a sí misma?

D. ¿Cómo cree el cliente que el problema afectará su futuro?

III. Función emocional

A. ¿Cuáles son las emociones más visibles? (gozo, temor, ira).

B. ¿Cuál es la historia de su habilidad para sobrellevar?

C. ¿Está el nivel de ansiedad impidiendo resolver problemas?

D. ¿Está la persona fuera de contacto con la realidad?

IV. Comportamiento

A. ¿Qué ha tratado de hacer la persona que no ha dado buenos resultados?

B. ¿Qué ha hecho el consejero que no ha dado buenos resultados?

C. ¿Hay responsabilidades (tales como el cuidado de niños) que se están ignorando debido a la preocupación de sí misma de la persona?

V. Recursos internos

A. ¿Cuál es el nivel de fuerza interna para poder sobrellevar la crisis?

B. ¿Qué evidencia hay de fuerza espiritual o habilidad para crecer espiritualmente?

C. ¿Cuál es la salud general de la persona?

VI. Recursos externos

A. ¿Cuál es el rol de la familia en la crisis y su solución?
B. ¿Está el consejero en contacto con familiares que pueden ayudar?
C. ¿Es el consejero parte de un sistema social? Si es así, ¿quién puede ser identificado para tratar con cada aspecto específico?
D. ¿Existen agencias sociales a las cuales se les puede pedir ayuda?

VII. Motivación personal
A. ¿Hasta dónde está motivada la persona para tratar nuevas soluciones?
B. ¿Qué factores están impidiendo una solución?
C. ¿Existe un sentido de esperanza?
D. ¿La persona se culpa a sí misma? ¿Cree él/ella que una acción de corrección es posible?

VIII. Potencial ajustamiento negativo
A. ¿Es el cliente suicida, potencialmente violento u homicida?
B. ¿Tomaría esta persona medidas drásticas que le causarían daño a él/ella u otros?
C. ¿Es necesario referirla a que consulte un médico?
D. ¿Está la persona tomando decisiones que afectarán altamente el curso del resto de su vida?

Crisis que ocurren en frecuencias

«Sentimientos y asuntos que el consejero debe de evaluar.»

Hospitalización

Temor de lo desconocido, pérdida de identidad; pérdida del control de su propio cuerpo; preocupación sobre cómo pagar la cuenta del hospital; temor a la muerte y a ser abandonado; ira sobre la percibida injusticia de su condición.

Incapacidad

Inútil; pérdida del control de su vida; dependencia financiera; temor a ser una carga financiera para la familia; cambio de estilo de vivir para él/ella y familiares; pérdida de metas; vergüenza; discriminación; ira y frustración de ser una víctima; cambio de identidad; preocupación por familiares que sienten culpabilidad, o ira o sentirse como víctima.

Abuso físico o ultraje

Ira por ser abusados; dolor por haber sido violados; pérdida del control sobre sus vidas; temor de ser tratados injustamente por el sistema judicial; airados con Dios; culpabilidad por tener que acusar a sus familiares; imagen negativa de sí mismo/a; preocupación por su habilidad para responder a los avances sexuales de su cónyuge.

Embarazo fuera del matrimonio

Culpabilidad cuando se publica el pecado; la complejidad de las muchas opciones; culpabilidad y resentimiento hacia los hombres; temor a ser rechazada por los padres, novio, amigos, iglesia y familiares; decisión de casarse o no casarse; decisión de dar el bebé para adopción; padres que se sienten fracasados como padres; el padre y su decisión.

Muerte

Choque emocional; rechazo; vacío emocional; negación; luto; enojado con Dios; desorganización de la vida; necesidad de consuelo; necesidad de hablar de la pérdida repetidamente; falta de apetito y de sueño; necesidad de tiempo para aceptar la pérdida; preparación para reajuste durante días especiales (vea el artículo sobre moribundos).

Divorcio

Pérdida de estima propia; fracaso, rechazo y abandono; controlar la ira; pérdida de compañerismo; miedo a ser rechazado por la iglesia, amigos y familiares; pérdida de rol; culpabilidad; preocupación por los efectos sobre los hijos; más responsabilidades y tareas; crisis financiera; un futuro incierto.

Segundas nupcias

Ajustarse a una nueva relación; comparación del nuevo cónyuge con el otro cónyuge; frustración por las complejidades de nuevas relaciones; pérdida de las relaciones con la ex familia; presión financiera; tensión entre los hijos de ambos cónyuges.

La técnica del Dr. Bonnell

El Dr. Bonnell fue, en mis tiempos de seminarista, el presidente del Seminario Teológico de Nueva York. El Dr. Bonnell hace mucho énfasis en la preparación del consultorio u oficina pastoral. Recomienda que se coloquen en lugares estratégicos una Biblia, un Nuevo Testamento y Evangelios. La luz y las ventanas deben de estar dispuestas de manera que la claridad caiga mayormente sobre el pastor. No se debe permitir que nadie entre en la oficina.

Ya en la entrevista, el pastor no debe mostrar prisa por medio de gestos. Señalar también la importancia de hacer preguntas específicas y no en términos generales. Cuando el feligrés esté hablando es preciso dejar que se exprese con toda libertad, sin interrupciones. No se debe sermonear ni juzgar.[4]

Además de las técnicas ya mencionadas, están emergiendo nuevas formas de terapia. Vamos a explicar brevemente algunas de las nuevas maneras de abordar la consejería.

---

4. Ibíd., p. 158.

Logoterapia

Esta teoría se centraliza en el concepto del deseo de ser. Todo ser humano tiene el «deseo de hallar significado».

Terapia de integridad

Tiene su centro en dos campos amplios: culpa e integridad. Asegura que cada individuo es una persona responsable con un sistema de valores. Cuando se viola este sistema de valores –conciencia–, el resultado es la culpa. La solución de la culpa no se hace por represión, sino por confesión. La confesión lleva a la restitución.

Análisis transaccional

La teoría sostiene que hay tres estados del yo en cada individuo: 1) el padre, que siente, habla y se porta como su padre lo hizo; 2) el adulto, el cual clasifica los hechos separándolos de los sentimientos, y 3) el niño, que siente, habla y se conduce como uno lo hizo cuando era niño. En cualquier momento dado, uno de estos estados del yo puede ejercer el control. Las relaciones entre las personas se llaman transacciones –intercambios–. Cuando las líneas de intercambio no se cruzan, resultan las transacciones simples, pero cuando se cruzan y responden a un estado diferente del ego en otra persona, resulta una interrupción de comunicaciones.

Terapia realidad

La terapia de la realidad tiene que ver con la realidad del presente y su énfasis sobre una conducta de responsabilidad. Tiene que ver más con la conducta que con las actitudes. La terapia de realidad busca ayudar a las personas a enfrentarse con la vida tal como es y ayudarles a enfrentarse a las consecuencias de su propia conducta. Funciona mejor con aquellas personas que tienen el deseo de cambiar y que tienen suficiente fuerza en su ego para hacerlo.

Terapia racional

Trata de ayudar a las personas a resolver sus problemas a través de la razón. La presuposición básica de la terapia racional es que los problemas del hombre son el resultado de un pensamiento irracional, y que sus problemas se podrían evitar y resolver haciendo que su conducta esté de acuerdo con la razón. Sostiene que el hombre puede vivir una vida completa, creadora y emocionalmente satisfactoria organizando inteligentemente y disciplinando su manera de pensar.

Esta teoría tiene dos fallas: 1) es una perspectiva humanística, la cual no deja lugar a la dimensión divina, y 2) niega el poder de las emociones para deformar la razón.[5]

---

5. James D. Hamilton, op. cit., págs. 60-63.

6

E l proceso del asesoramiento pastoral

Hay tres factores que afectan la manera en que el ministro aborda el asesoramiento: 1) sus actitudes hacia las personas y sus problemas; 2) su interpretación religiosa del hombre, y 3) su concepto de sí mismo y su actuación como ministro. Estos factores determinan el curso y la calidad del proceso de asesoramiento.[1]

Parte del material que usaremos para aclarar los tres factores citados ha sido compilado por el Rdo. Robert Crick.

1) Cuando un pastor entra en el proceso de aconsejar, su papel como consejero se tiene que sobreponer y circunscribir a su papel de pastor. Él tiene una responsabilidad espiritual. Siendo que es un pastor, debe de tener cuidado no vaya a jugar el papel de un psiquiatra aficionado.

2) Estamos resistiendo la tentación de ofrecer una rígida definición de la psicología pastoral. Simplemente diremos que un individuo en necesidad de ayuda habla de sus dificultades con una persona que él considera capaz de ayudarle a ayudarse a sí mismo. No es decirles a las gentes lo que tienen que hacer, sino enseñarles las opciones que tienen para escoger. El pastor consejero es muy diferente a otros tipos de dirección terapéutica, pues incluye una dimensión religiosa. «El propósito del asesoramiento espiritual es traer a personas de ambos sexos

---

1. Ibíd., p. 64

dentro de una relación con Dios y dirigirlos a una vida abundante.» «Salvar» en griego quiere decir sanar o hacer completo; por lo tanto, salvación es salud, racionalidad, libertad de todo desperfecto o mancha que deforme la personalidad humana y que impida la amistad con Dios.[2]

3. Nuestro interés aquí es exclusivamente con un tipo de consejería pastoral. Nuestro énfasis no es el asesoramiento evangelístico, una confrontación cara a cara cuyo objetivo es aplicar la fe redentora de Cristo. Tampoco es nuestro interés el asesoramiento didáctico, cuyo objetivo es aplicar doctrinas, ofrecer datos o repartir consejos. Nuestro interés es en el asesoramiento terapéutico. En ocasiones el consejero usará asesoramiento evangelístico y didáctico, pero su objetivo es el alivio de disturbios emocionales y la reorientación de personalidades mal ajustadas. Típicamente hablando, el asesoramiento terapéutico ocurre durante o después de una crisis en la vida, una situación que ha puesto al individuo bajo tanta presión que sus mecanismos de confrontar la vida no le pueden ayudar. Estamos presentando un paradigma para ser usado por pastores que quieran llenar su ministerio de asesoramiento con más habilidad y éxito.

La fase de preparación

Todo lo que el pastor es y hace sirve como propedéutico para su ministerio de consejería. El tipo de persona que él representa y es determinará el número de personas que tocarán a sus puertas buscando ayuda. Sus motivos, actitudes, opiniones, las doctrinas que enfatiza, sus valores, su amigabilidad, la distancia que pone entre él y las gentes, su comprensión, discernimiento y su empatía, entre otros factores, le abrirán las puertas de sus feligreses. La persona hará una entrevista con usted si lo ve como una persona de confianza.

---

2. Ibíd, p. 13.

La fase de relajación

Usualmente, la persona que viene buscando asesoramiento no está familiarizada con el proceso de aconsejar. Viene a derramar su alma delante de su pastor, al cual ve como representante de Dios. Al comienzo de esta nueva relación algunos obstáculos comunes son confrontados: 1) nerviosismo; 2) miedo de hablar, y 3) hostilidad (quizás alguien lo obligó a venir).

El cliente puede ver la terapia como una forma de magia, puede creer que el pastor tiene alguna píldora o inyección espiritual para darle. Puede ver al pastor como un ayudador sobrenatural. No se dará cuenta de que para resolver el problema se necesitará tiempo y esfuerzos; y no se dará cuenta tampoco de que el resultado final de la terapia depende principalmente de su propia cooperación.

Es el trabajo del pastor, entonces, el de corregir falsas nociones, despachar ilusiones y romper las barreras que impidan la libre comunicación. ¿Cómo se puede hacer eso? Si el aconsejado es una persona que el pastor conoce, un simple saludo es suficiente. Si la persona es desconocida, la introducción tendrá lugar cuando la persona entre a la oficina.

El consejero debe mostrarse confortable y no formal. No se debe de sentar con pompa detrás de su escritorio. Esto crea otra barrera. Por el contrario, se sienta cerca de la persona, con una corta distancia entre ellos, colocando su silla oblicuamente para evitar el contacto de ojo-a-ojo. No debe de tomar notas, pues esto crea otra barrera; su indivisible atención está en el cliente.

Algunas veces, después que el individuo se ha sentado, comienza sin dilación a recitar su problema. Tales lluvias verbales eliminan ciertas consideraciones preliminares. Pero con muchos aconsejados romper el hielo es imperativo; quizás se ofrezca oración, especialmente si se espera que el pastor pueda hacer una oración con sinceridad; la oración no se debe usar simplemente como una técnica en la cual no se confía al pedir la ayuda del Señor. En la mayoría de los casos quizás el mejor enfoque sería definir el proceso de asesoramiento. ¿Cómo se define esto?

El pastor puede explicarle al aconsejado que él vino porque quería discutir un problema, pero antes de discutir su problema ciertas cosas se debían de discutir. Las gentes tienen problemas de diferentes clases y tamaños, y hemos aprendido, señala el pastor, que si ellos pueden hablar de sus problemas en una atmósfera de confianza y libertad, muchas veces reciben una nueva perspectiva y experimentan un gran desahogo de tensión y pueden hacer decisiones más prestamente, y se encuentran iniciando cambios en su comportamiento. Sólo con verbalizar un problema se alcanza gran beneficio.

El pastor también puede señalar que por más grande que sea el problema del aconsejado, su problema es común (1 Co. 10:13). También se le debe de enseñar que el oficio del consejero es esencialmente ayudar al asesorado a ayudarse a sí mismo. El consejero no usa amuletos, magia o encantamientos, sino que escucha al consejado para tratar de captar lo que el aconsejado está diciendo y sintiendo. Algunas veces el consejero hará una pausa para hacer alguna pregunta. Eventualmente un plan de acción será elaborado. El aconsejado es el centro de atención. Él puede dar o guardar información del pastor. La tarea del pastor no es decirle qué hacer, sino ayudarlo a ayudarse a sí mismo.

También se le debe de señalar a la persona que todo el material discutido en la sesión de terapia será mantenido en secreto. No será discutido con nadie, incluyendo el cónyuge del aconsejado, o la esposa del pastor. Si el pastor cree que es necesario pedir la ayuda de otra persona lo hará con el consentimiento del aconsejado.

Al definir su relación entre él y el aconsejado, el pastor de la misma manera expresa sus propias expectativas. ¿Qué es lo que él espera como consejero? Él espera franqueza. Esto es difícil de hacer, siendo que el pastor representa una figura de autoridad cuyo respeto él quiere mantener. El asesorado encontrará que cuanto más habla con el pastor en esta nueva relación, más fácil le será discutir asuntos problemáticos con él, y en sesiones futuras le será fácil hablar de cosas de las cuales no podía hablar al principio.

En la conclusión de esta sesión inicial el pastor puede decidir que no tiene el tiempo o la aptitud para ayudar terapéuticamente a la persona. Él, entonces, puede, usando mucho tacto, hablar de referirlo a otro consejero. Puede sugerir el nombre del consejero, hacer la cita para la primera sesión e introducirlo al consejero en persona o por teléfono.

La fase de exploración

El asesoramiento es una oportunidad para autodiagnosis, autodiscernimiento y autodescubrimiento. Nunca sobreenfatizamos el tema cuando insistimos en que es un proceso diseñado para ayudar al individuo que busca ayuda a ayudarse a sí mismo. La exploración, por tanto, es el corazón de este proceso. En la psicología pastoral esta exploración se hace por medio de la conversación.

La fase de exploración puede ser clasificada en los siguientes factores:

1. *Verbalización.* ¿Qué es esencialmente el asesoramiento pastoral? Es una monológica conversación entre dos personas, una de las cuales está buscando ayuda y lleva la mayor parte de la conversación, mientras que la otra escucha empáticamente, ofreciendo ocasionalmente un comentario o haciendo una pregunta. La consejería, entonces, es un proceso de comunicación verbal, necesariamente inclinado en su naturaleza hacia el aconsejado.

Suponiendo, pues, que se anime al aconsejado a verbalizar su problema, ¿cuál es la función del consejero mientras esta verbalización ocurre? El consejero simplemente escucha. Su función es escuchar y escuchar enteramente. Escucha de forma empática, permisiva, responsable, compasiva y creativa. Él no solamente escucha las palabras, sino que también discierne el sentir y el problema. Está enfocando no solamente en lo que la persona dice, sino en lo que significa. Para un pastor el escuchar es dificultoso, siendo que él es un especialista en la verbalización.

La fluidez verbal del aconsejado puede ser facilitada por la presencia silenciosa del consejero. No se preocupe si vienen pausas de silencio; estas pausas de silencio ayudan al aconsejado a organizar o recoger sus pensamientos y reflejar más profundamente lo que ha estado luchando por comunicar. También se puede facilitar la fluidez verbal con expresiones del rostro, o alguna palabra como: «No me digas...». También puede ser animado por la técnica de tomar el fin de la oración y repetirla. Escuche, pues Dios nos creó con dos orejas y una boca, para que escuchemos más y hablemos menos.

2. *Interrogación.* Si el cliente deja de verbalizar datos de importancia o dice algo significativo que usted quiere comprender mejor o aclarar, entonces se pueden hacer preguntas. El propósito es inducir al asesorado a continuar hablando y así comprender mejor su situación.

3. *Reflexión.* El consejero sirve como un espejo para el asesorado. Verbalmente le devuelve al cliente lo que ha estado diciendo. Repite lo que ha dicho sin ninguna modificación. ¿Por qué? La sola repetición de un dicho a veces ayuda a una persona a agarrar el sentido de lo que ambiguamente ha estado diciendo. Cuando lo oye repetido como un eco por su consejero, el solamente oírlo le induce una percepción clara por primera vez.

4. *Clarificación.* Esto sale directamente de la reflexión. El consejero describe en diferentes palabras lo que el aconsejado le ha dicho. Además, traduce en palabras el tono emocional y matiz de lo que el aconsejado ha revelado.

5. *Interpretación.* Según van progresando las sesiones, el consejero tiene que comenzar a ofrecer algunas explicaciones. Él puede sugerir razones y causas. Interpretación es algo que

requiere habilidad y se consigue por medio de la experiencia. Es algo como un sexto sentido. Es necesario resistir la tentación de ofrecer algún chispazo introspectivo prematuramente. Cuando se presenta alguna aclaración o diagnosis el cliente está libre para aceptarla o rechazarla. Se puede expresar de esta manera: «Quizás yo esté muy lejos del blanco, pero a mí me parece que tu problema es...»

Es dificultoso predecir en todos los casos el número de sesiones que esta fase de exploración puede ocupar. El pastor puede asesorar a la persona una vez o quizás tenga que verlo por meses. El pastor ocupado usualmente usará lo que se llama «asesoramiento de corto tiempo», que consiste en cinco o seis sesiones.

La fase de exteriorización

Esta fase trata con lo que le sucede al paciente durante el curso de las sesiones de consejería pastoral.

1. *Aberración.* En algunas ocasiones el aconsejado revive emocionalmente alguna experiencia traumática. Un fuerte estallido de sentimientos ocurre: ira, dolor, agitación. Las lágrimas no son infrecuentes en el aula de asesorar.

2. *Catarsis.* La resurrección de sentimientos pasados trae una medida de purgación emocional. El aconsejado se quita la carga de su pecho y el peso de sus hombros. En esta juntura el pastor puede animar a la persona a leer Hebreos 4:15, 16. Cuando el escritor amonesta a sus lectores a venir «atrevidamente al trono de la gracia», literalmente le está diciendo que venga sin inhibiciones, derramando todo delante de Dios, sin sujetar nada. La catarsis es la salida de vapor emocional, el desensibilizar de la inflamación y dolor de la psique. Es parecido al alancear de un nacido. La emoción es echada afuera y un sentido de liberación es obtenido. Quizás Cristo se refirió a esto cuando dijo: «Bienaventurados los que lloran –pasan por una catarsis– porque ellos recibirán consolación.»

3. *Discernimiento* (*introspección*). Cuando el aconsejado exterioriza su problema es como si lo sacara de un sótano obscuro a la luz donde lo puede observar, estudiarlo y evaluarlo por lo que es.

La fase de reorientación

Al final de cinco o seis sesiones, el consejero puede decidir que la fase de exploración se ha llevado a suficiente profundidad. El pastor puede decidir que el momento de reorientación ha llegado. ¿Cómo se puede conseguir esto?

1. *Repaso.* El consejero puede sugerir que el cliente dé un resumen del material cubierto y de cualquier introspección o discernimiento que haya recibido. El consejero también puede decidir hacerlo él mismo, preguntando de vez en cuando: «¿Es esto lo que usted me dijo?» «Hay algo que no mencioné?», etc.

2. *Exploración.* Cuando el repaso sea completado a la satisfacción del consejero y el aconsejado, una pregunta clave debe ser hecha: «¿Cuáles son las soluciones para este problema?» Ambos mencionan todas las posibilidades y opciones que tienen por delante. Éstas son evaluadas y escudriñadas. El manto de neblina comienza a ser quitado y algunas opciones aparecen como prácticas y otras como no prácticas.

3. *Decisión.* Cuando las posibilidades han sido escogidas, el consejero ayuda a la persona a escoger el curso de acción que parece más aconsejable. Esto es delicado. La decisión debe de salir del aconsejado. El trabajo del consejero es enseñarle las opciones y ayudarlo a verbalizar su decisión.

4. *Programa.* El consejero y el aconsejado trazan paso por paso la concreta implementación de la decisión que juntos alcanzaron. Por ejemplo, supongamos que ha habido un acuerdo de la necesidad de una relación más profunda con Dios. Se decide leer la Biblia y orar durante una hora específica del día y se le asignan ciertos pasajes bíblicos, etc.

La fase de terminación

Vamos a suponer que los síntomas del aconsejado han sido tratados con éxito. Vamos a suponer que el pastor y el asesorado deciden juntos que ningún provecho se va a sacar con sesiones adicionales. Entonces, ¿qué? El tiempo para terminar esta relación ha llegado. El pastor debe de evitar que la persona se sienta rechazada al decírsele que la relación ha terminado. El pastor debe de explicarle que la meta de la consejería es autonomía: el individuo aprendiendo a pararse sobre sus propios pies. El pastor debe enseñarle la posibilidad de futuras dificulta-des y mantener la puerta abierta para que regrese (Pr. 24:16).

La fase de acostumbramiento

La etapa de consejería es continuada con una etapa de postconsejería en la cual el asesorado lucha para consolidar sus logros, reajustar sus actitudes y cultivar nuevos modos de comportamiento. Sin comprometer la autonomía del aconse-jado, el consejero puede, y muchas veces debe, continuar jugando un papel de sostenedor. Si el asesorado es miembro de su iglesia, puede intercambiar algunas palabras con éste después de un servicio o descubrir alguna oportunidad para una breve conversación. Le puede hablar por teléfono. Puede escribirle una nota o enviarle algún panfleto. Puede continuar presentándole delante del Señor en oración.

Una de las cosas únicas de la psicología pastoral es que la ayuda y la sanidad vienen finalmente de Dios. El pastor más hábil en la psicología pastoral debe de confesar con gratitud que es simplemente un agente del Dios que sana.

Modelo de asesoramiento de corto término

Siendo que la mayoría de los pastores sólo tienen el tiempo y la preparación para asesorar personas por corto tiempo, el

Rdo. Crick comparte algunas ideas en esta área. Al tener el contacto en la primera entrevista, se debe de felicitar a la persona por haber reconocido su necesidad y haberse decidido a buscar ayuda. Es necesario darle confianza a la persona brindándole amor e interés. Un error de juicio en esta primera oportunidad podría ser fatal.

En las personas que asesoramos se encuentran tres temores: 1) reconocer el problema; 2) decidirse a dejarlo; y 3) enfrentarse al cambio. Cuando vienen donde el pastor, esperan encontrar ayuda para sus problemas. Pero ¿cómo descubrir sus problemas? Las siguientes preguntas pueden ayudarnos: 1) ¿Por qué me vienes a ver ahora? 2) ¿Quién te envió? 3) ¿Qué esperas de mí? 4) ¿Qué estás dispuesto a dar, o rendir, para resolver tu problema?

En esta primera entrevista, el asesor necesita alcanzar lo siguiente:

1. *Contacto.* Esto ocurre durante los primeros 5 o 10 minutos. Usted tiene que ganarse la confianza de la persona.

2. *Resumen.* El problema debe de ser resumido en forma breve, después de haber escuchado a la persona y haber observado sus gestos. Trate de poner en una sola frase lo que usted siente que es el problema.

3. *Inventario.* De los mecanismos de defensa de la persona aprendemos la forma como ésta confronta sus problemas. Podríamos preguntarle si antes ha conocido alguna persona que ha tenido el mismo problema, o si ella misma lo ha tenido antes.

Cuando el caso requiera más de una sesión, es conveniente que en cada una se resuma la entrevista anterior. A medida que se progresa en el asesoramiento, se pueden ir conociendo las experiencias del asesorado en las áreas de la familia, escuela, ocupación, matrimonio, vida cristiana, salud, sociedad y presiones emocionales. Esto nos ayudará a comprender mejor el comportamiento de la persona a quien estamos tratando de ayudar.

El rol de la esposa del pastor como consejera

I. *Naturaleza de su rol*

A. Como esposa de pastor

1. La esposa del pastor usualmente conoce todas las crisis de la iglesia.
2. Cuando el pastor no está disponible, la esposa normalmente recibe la llamada que pide ayuda o reporta la crisis.
3. La esposa del pastor, por virtud de la posición de su esposo, debe de tener una actitud bondadosa y de caridad.
4. Ella, debido a sus propias experiencias en el ministerio, puede identificarse con aquellos que tienen problemas.

B. Como mujer

1. Tiene un entendimiento único o sin igual de las situaciones por las cuales pasan las mujeres.
2. Tiene un aprecio especial por la estabilidad del hogar.
3. Ella comprende la importancia de la espiritualidad personal y de la familia.

II. *Límites de su rol*

A. Su rol no es primordial, sino de apoyo.

1. Debe desarrollar la habilidad para escuchar. Los que están pasando por crisis tienen una historia que contar que requiere «escuchar con mucha atención y compasión» (no sentarse mirando al cielo con una expresión de aburrimiento).
2. Ayudamos a las personas cuando las aceptamos como son y ayudándolas a descubrir las diferentes alternativas para solucionar sus problemas.
3. En el tiempo del dolor, duelo o aflicción, el leer la Biblia y la oración traen mucho consuelo.

4. En ciertos tipos de situaciones, la presencia física de la esposa del pastor da un mensaje de interés y esperanza.

B. La importancia de mantenerse neutral

1. Como esposa del pastor, es absolutamente necesario no ponerse en medio de una disputa familiar o de la iglesia. Escuche a todas las personas o partidos envueltos si es posible, y evite que la pongan como juez y jurado.
2. Manteniendo su neutralidad, ella protege su reputación y la de su esposo, y mantiene la puerta abierta para seguir ministrando en el futuro.

C. Cómo tratar con los problemas críticos

1. Ayude a la persona a reconocer e identificar su problema. En ocasiones el problema que se presenta originalmente no es el problema principal.
2. Para tratar con problemas más serios se necesita entrenamiento especializado y profesional. Casos tales como víctimas de ultraje, intentos de suicidio y ciertos complejos problemas sexuales se deben referir a un entrenado consejero cristiano para que se haga una evaluación y diagnosis más profunda. No se sienta avergonzada en decir: «Yo no me siento cualificada para tratar con este problema.»
3. Como una persona sostenedora, la esposa del pastor se debe familiarizar con todas las agencias disponibles de recursos humanos en la comunidad y las iglesias.

D. Estableciendo reglas apropiadas

1. La esposa del pastor debe de aprender a limitar el tiempo que usa para aconsejar por teléfono. Anime a las personas «habladoras» a llamar durante horas específicas. Trate con tacto de dejarles saber a tales personas el tiempo que tiene disponible para ellas. Muchas personas que se sienten solas simplemente

llaman por el deseo de escuchar la voz de alguien que los escucha y los entiende.

2. Ella debe de sugerirles a los que tienen problemas serios que hagan una cita con su esposo o ustedes dos. Procure, si es posible, evitar tratar con problemas complejos en medio de actividades ya programadas.

3. Trate de limitar la discusión de un tercer partido ausente, manteniendo el enfoque de la conversación en la persona que trajo el problema.

4. Inmediatamente después de la sesión de asesoramiento escriba unas breves notas del problema, el proceso de la sesión y cualquier solución recomendada. Comparta esas notas con su esposo.

5. La conversación entre la esposa del pastor y la persona asesorada se debe mantener en secreto. Si usted cree que debe compartir el problema con su esposo, pídale permiso para hacerlo a la persona.

6. Ella debe de ayudar a las personas a estudiar varias opciones para resolver el problema y para evitar dar opiniones rígidas y prejuiciadas.

III. *Problemas más comunes*

A. Mujeres en duelo, tragedias, etc.

1. El Dr. Colin M. Parkes describe el duelo como el proceso de «hacer real» o aceptar una pérdida. La congoja es necesaria y saludable. La esposa del pastor debe de consolar durante el duelo, permitiendo al enlutado verbalizar o expresar su pérdida de seguridad, identidad y quizás la pérdida de amigos.

2. A la mujer que tiene que acostumbrarse a la vida de viuda le sucederán muchos cambios. Anímela a expresar sus sentimientos (dolor, ira, choque, depresión, etc.).

B. Esposa/niño golpeada/o o abusada/o

1. El temor les impide a muchas esposas y niños discutir el abuso que han soportado. La esposa del pastor debe

de ser sensitiva a su dilema y darle mucho respaldo.

2. Los casos de abusos, especialmente de niños, en algunos estados o países se requiere que se reporten a las autoridades judiciales.

C. Jovencitas encintas, abortos y otros problemas sexuales

1. En el momento cuando una joven soltera confronta un embarazo no se le debe predicar. Éste es el momento para ofrecer información, asistencia y respaldo emocional. Ella y el bebé por nacer necesitan toda la ayuda que puedan recibir.

2. Más y más mujeres están considerando el aborto como una opción para tratar con un embarazo indeseado. Durante esta lucha van a necesitar asesoramiento escritural y sólido. La mayoría de los casos deben de ser referidos a un consejero profesional cristiano.

3. Muchas jovencitas cristianas tienen dudas, temores, fantasías y preguntas acerca de sí mismas y muchas situaciones de la vida. Lo que es un comportamiento aceptable y apropiado antes y después del matrimonio no está muy claro para muchas de ellas. La esposa del pastor es la persona más apropiada para ofrecer ayuda en esta etapa de su desarrollo.

D. Asesoramiento familiar

1. La esposa del pastor debe tomar ventaja de todas las oportunidades que se le ofrezcan para visitar hogares con su esposo. Usualmente, las gentes cuando están en sus hogares comparten sus necesidades más abiertamente.

2. Algunos padres normalmente piden ayuda para sus hijos cuyo comportamiento no es aceptable o están teniendo problemas en la escuela, etc. El comportamiento de un niño o muchacho puede ser indicativo de otros problemas dentro del hogar.

3. Cuando los problemas son financieros varias cosas se

pueden hacer: un presupuesto, referirlo a una agencia pública, o simplemente escuchando y respaldarlos durante las crisis.

4. Cuando la crisis es por enfermedad o muerte en la familia se puede ofrecer, hasta donde sea posible, ayuda financiera, limpiar el hogar, cocinar para la familia, cuidar los niños, hacer la compra, etc.

E. Grupos especiales

1. Las viudas experimentan profunda soledad. Se debe de tener contacto periódicamente con ellas u organizar un grupo de viudas para respaldo mutuo.

2. El trauma (herida) de un divorcio se puede sanar con sesiones cortas, pero frecuentes, de asesoramiento. La esposa del pastor debe ser sensitiva hacia este grupo mientras buscan reajustar sus vidas y descubrir nuevos intereses dentro de la iglesia para sus vidas.

3. Muchos ancianos e inválidos experimentan periódicamente depresión y soledad. Una visita social de vez en cuando les trae gran ánimo. Muchas esposas de pastores ven en este grupo un área especial para ministrar.

4. Se le aconseja a la esposa del pastor leer el resto de este manual de asesoramiento para profundizarse más en la materia.

Conocidos escritores modernos en consejería

Rollo May

Rollo May cree que el corazón del proceso de consejería es «empatía». Esto es un sentir en lo íntimo del asesorado que identifica a los dos individuos. Un sincero comportamiento de dolor del asesorado.

Seward Hiltner

Seward Hiltner llama a su consejería «educción» –acción de sacar o hacer aparecer–. Él sugiere seis asunciones básicas para la orientación de la consejería pastoral educadiva: a) El feligrés siente que algo anda mal y, por lo menos en una pequeña medida, ve la dificultad dentro de sí mismo. b) El asesoramiento comienza por comprensión y no por acuerdo o desacuerdo. c) La consejería es usualmente ayudar a otra persona a ayudarse a sí misma, y no hacer algo por ella. d) Consejería envuelve clarificación de asuntos éticos y no coerción. e) El proceso de asesoramiento envuelve un sincero respeto por el feligrés y no procede con el uso de un saco de trucos. f) Las situaciones que dan ocasión a la consejería no solamente son dificultades para vencer, sino que son también oportunidades para crecimiento y desarrollo.

El énfasis de Hiltner es comprensión sin coerción.

Paul Johnson

Paul Johnson llama a su consejería «asesoramiento respondiente». La necesidad básica del pastor es entender las gentes a las cuales él asesora. Johnson sugiere maneras que el pastor puede usar para alcanzar un mejor entendimiento del feligrés. a) Escuchar la libre conversación. b) Responder a los sentimientos. c) Desarrollar empatía. d) Seguir los deseos y frustraciones. e) Ver la situación del aspecto clínico. El consejero debe escuchar bien antes de decir algo.[3]

James D. Hamilton

Algunas cosas que el pastor consejero no debe hacer: 1) No apure al consultante. 2) No pida inmediatamente una aclara-

---

3. Lloyd M. Perry y Edward J. Lias, *A Manual of Pastoral Problems and Procedures* (Grand Rapids, Michigan: Baker Book House, 1962), p. 162.

ción en algún punto si el consultante está hablando libremente; el asunto puede aclararse después. 3) No dé por hecho que la razón es más fuerte que la emoción en la persona que está pasando por una crisis. 4) No busque información que no es necesaria o que no será usada. 5) No se muestre escandalizado con ningún problema que se le presente. 6) Procure no probar al consultante que él está correcto o equivocado. 7) No intente forzar al consultante a que acepte ciertos valores éticos o morales. 8) No dé por sentado ni diga que usted sabe la solución de todos los problemas que le traigan. 9) No dé por sentado que se espera que usted sepa la solución de cada problema que le presenten. 10) No tenga miedo de recomendar al consultante a algún consejero profesional si usted no puede ayudarle.

Carl Rogers

Algunas cosas que el pastor consejero debe hacer: 1) Recuerde que el consultante le ha ofrecido una invitación de intimidad que requiere que usted aborde su problema con tacto y competencia. 2) Reconozca que usted nunca debe de traicionar la confianza que ha depositado esa persona en usted. 3) Sea comprensivo, compasivo e interesado en el consultante. 4) Escuche mucho y hable poco. 5) Esté atento a lo que se dice y a lo que no se ha dicho. 6) Recuerde que la frustración de su feligrés ha causado en él una subjetividad que tiene que ser diluida por la objetividad de usted. 7) Crea que su consultante es normal hasta que se convenza de que no lo es. 8) Confíe en la capacidad de usted para ayudarlo hasta que se compruebe lo contrario. 9) Busque conceptos torcidos de Dios que su consultante pudiera tener. 10) Mantenga un punto de vista bíblico del hombre. 11) Esté alerta a los medios divinos que tanto usted como su consultante pueden usar.[4]

---

4. James D. Hamilton, *El ministerio del pastor consejero,* págs. 83, 84.

Proceso para tomar el historial de una persona

I. Trasfondo familiar

1. Edad, lugar de nacimiento, ocupación de los padres.
2. Descripción del estado emocional de los padres (social, religioso, etc.).
3. ¿Lo ayudaron sus padres en sus planes, lo criticaban o lo alababan?
4. ¿Tienen sus padres historial de enfermedades mentales?
5. ¿Se sentía usted orgulloso de sus padres?
6. ¿Qué influencia han tenido sus padres *en* usted?

II. Desarrollo personal (edad temprana)

1. ¿Qué se le ha dicho de su progreso en destetarse, caminar y otras actividades?
2. ¿Qué se le ha dicho de asuntos como mamarse el dedo, enuresis, rabietas, etc.?
3. ¿Sufrió usted alguna enfermedad en la niñez que le dejó cicatrices?

III. Actitud hacia su familia

1. ¿Tenía usted algún afecto especial para su papá o para su mamá?
2. ¿Se sentía usted tímido hacia ellos?
3. ¿Es usted el único hijo? Si no, ¿cuál es el lugar de su familia? ¿Cuáles son las edades de sus hermanos? ¿Qué éxito han tenido sus hermanos en la vida?
4. ¿Cómo le afectaron los nacimientos de sus hermanos y sus pérdidas? (muerte, ausencia, etc.).
5. ¿Depende usted todavía de su hogar para hacer decisiones y conseguir consejos? ¿Está usted emancipado del hogar de sus padres?
6. ¿Cuál es la persona en su familia o fuera de ella que más ha influenciado en su vida?
7. ¿Qué papel tuvieron sus abuelos, tíos y primos en su vida?

IV. Ajuste en la escuela

1. ¿Tuvo usted dificultad en asistir a la escuela por enfermedad, desinterés o por otras razones?
2. ¿Hubo algún año, o período de años, cuando usted fracasó en la escuela por notas bajas?
3. ¿Qué materia le dio más problemas?
4. Había algún maestro que usted amaba, o que despreciaba, o que le ayudó?
5. ¿Se mezclaba usted bien con los demás estudiantes?
6. ¿Era usted admirado o ridiculizado por sus compañeros?
7. ¿Fue un tiempo de satisfacción para usted?

V. Desarrollo sexual

Trace la evolución de su vida sexual por medio de estas preguntas:

1. ¿A qué edad, en qué ocasión y de qué recursos recibió información sexual?
2. ¿Permitió su embrío oportunidad para orientación sexual?
3. ¿Ha mostrado usted mucha orientación en esa área?
4. ¿Está usted consciente de mucha vergüenza sobre el sexo?
5. ¿A qué edad se percibió usted de sus órganos sexuales y su función?
6. ¿Cómo pasó usted el período de pubertad?
7. ¿Ha sido la autocomplacencia –masturbación– un problema para usted?
8. ¿Qué persona, evento o grupo influenció su sexualidad?
9. ¿Cuán frecuentes son sus fantasías sexuales y de qué clase?
10. ¿Qué situaciones le causan a usted tensión sexual?
11. ¿Cuál es su actitud hacia los problemas sexuales modernos?
12. ¿Le gustaría cambiar de sexo?
13. ¿Cree usted en la educación sexual?

VI. Estado de ánimo

1. ¿Es usted alegre por naturaleza, o está usted inclinado a depresión, o es esto variable en usted?
2. ¿Está usted consciente de lo que produce ese cambio?
3. ¿Es usted optimista o pesimista?
4. ¿Tiene usted buen sentido del humor o es rígido?
5. ¿Cómo reacciona usted a los problemas, o a la competencia?
6. ¿Está usted encontrando siempre faltas en otros?
7. ¿Es usted afectado por el estado de ánimo de otros?
8. ¿Qué significa la palabra «sentimiento» para usted?
9. ¿Se asusta fácilmente? ¿Tiene el genio ligero? ¿Son sus sentimientos heridos fácilmente?
10. ¿Cómo reacciona usted al éxito de otros? ¿Le es fácil felicitarlos?
11. ¿Bajo qué circunstancias trabaja usted mejor? (presión, itinerario, etc.).
12. ¿Cómo pasa usted sus días libres?
13. ¿Se le hace fácil hacer decisiones?

VII. Adaptabilidad social

1. ¿Es usted tímido con el sexo opuesto?
2. ¿Se siente usted cómodo en la presencia de ancianos?
3. ¿Cuál es su reacción hacia las figuras autoritativas?
4. ¿Es usted independiente en hacer sus decisiones o depende de la ayuda de otros?
5. ¿Son sus decisiones impulsivas, de acuerdo a las circunstancias, o bien pensadas?
6. ¿Qué clase de amigo es usted? (mucho o poco, caluroso o frío, reservado o abierto, protector o dependiente).
7. ¿Es usted casado o está comprometido?
8. ¿Tiene usted interés en ser padre?
9. ¿Cómo recibe usted la crítica o el consejo?
10. ¿Está usted inclinado a pedir simpatía o a sentir pena de sí mismo?

11. ¿Es usted demasiado modesto o tiene usted mucha confianza en sí mismo?

12. ¿Está usted satisfecho con la manera que el mundo lo ha tratado?

13. ¿Le molesta a usted tener que ajustarse a un lugar nuevo?

14. ¿Puede usted cooperar con otros?

15. ¿Usa usted tacto o irrita a las gentes?

16. ¿Tiene la convicción de que está siempre correcto?

17. ¿Busca usted o evade la responsabilidad?

VIII. Sentido de la realidad

1. ¿Están sus planes para el futuro claros o indecisos?

2. ¿Qué factores lo llevaron a usted a escoger su vocación?

3. ¿Hasta qué punto depende su éxito de sus esfuerzos y hasta qué punto del riesgo o las circunstancias?

4. ¿Se califica usted como imaginativo, idealista, visionario o práctico?

5. ¿Le gusta a usted la responsabilidad?

6. ¿Es usted honesto o franco consigo mismo? ¿Reconoce y corrige sus errores?

7. ¿Planea usted bien, puede dirigir a otros, es su opinión buscada?

8. ¿Cuál es su actitud hacia el dinero? (generoso, miserable, desea ser rico). ¿Cómo reacciona usted ante los problemas económicos?

IX. Salud

1. Enfermedades, operaciones, accidentes y sus circunstancias.

2. Tiempo de convalecencia.

3. Edad cuando apareció la enfermedad.

4. Último examen médico.

5. ¿Se preocupa por su salud?

X. Tendencias neuróticas

1. ¿Qué circunstancias le hacen poner incómodo, tímido o poner su rostro rojo?

2. ¿Significa mucho para usted su bienestar físico?
3. ¿Es usted sensitivo a algunas comidas?
4. ¿Es la comida de gran importancia para usted?
5. ¿Le gusta la bebida?
6. ¿Usa usted medicinas o drogas excesivamente?
7. ¿Sufre usted de estreñimiento?
8. ¿Es afectado usted por sonidos, olores, escenas placenteras o desagradables?
9. ¿Tiene usted necesidad de un sistema y orden? ¿Le molesta el desorden o la interferencia en sus planes?
10. ¿Tiene usted temores especiales, ansiedades o ideas y acciones compulsivas?
11. ¿Le gusta el juego de azar?
12. ¿Tiene usted algún hábito, actos o pensamientos que le preocupen o le causen remordimiento?
13. ¿Cómo reacciona usted a la enfermedad o cuando le preguntan por su salud?
14. ¿Qué juegos o deportes le gustan? ¿Los practica?
15. ¿Qué clase de libros le gusta leer?
16. ¿Tiene usted algún interés religioso especial? ¿Cómo lo compara con su entrenamiento religioso temprano?
17. ¿Cuál es su interés concreto en los problemas sociológicos?

XI. Síntesis

1. ¿Cree usted que su personalidad está bien integrada, con una adecuada distribución de energía en el juego, trabajo, fantasía, descanso, arte, literatura, religión, filosofía y vida concreta?
2. ¿Cuáles han sido sus más grandes dificultades o inhabilidades?
3. ¿Tiene usted algunos recursos de consuelo para los desengaños o desilusiones? ¿Cómo actúa?
4. ¿Qué medios de cambios en personalidad ha intentado, sea en su persona o en la de otros? ¿Con qué éxito?
5. Diga una o más modificaciones que le gustaría lograr

en su personalidad en el próximo año, como ejemplo y prueba de lo que usted es capaz, y bajo qué circunstancia será posible.[5]

Respuestas que estimulan la conversación terapéutica

En el proceso de asesoramiento ciertas acciones o respuestas del consejero son necesarias para que la persona se sienta estimulada para continuar hablando.

Respuesta conversacional

Las acciones o respuestas conversacionales son fáciles. Cuando la persona está hablando el consejero dice cosas como «uhuh», «mm», «ya veo», «ch», «ajá». Éstas son pequeñas respuestas conversacionales que hacen saber a la otra persona que el consejero está poniendo atención y escuchando. Las respuestas conversacionales no interrumpen a la otra persona, por el contrario, le animan a continuar hablando.

Respuesta de espejo

Una respuesta de espejo es un poco más compleja, pero es fácil de aprender. Un espejo refleja todo lo que se pone en frente de él. Por lo tanto, si una persona dice «uno, dos, tres», una respuesta de espejo responderá «uno, dos, tres». Ejemplo: Amigo: «Perdí mi trabajo y debo pagar la renta muy pronto.» Consejero: «Perdiste tu trabajo y debes pagar la renta muy pronto.»

Respuesta del contenido

La respuesta de espejo refleja más o menos las mismas palabras que la otra persona ha dicho. Si la respuesta de espejo

---

5.English and Pearson, *Emotional Problems of Living,* págs. 559-565.

se utiliza mucho, entonces la conversación comenzará a sonar como un eco. Esto, después de cierto tiempo, se volverá irritante. Así que con una respuesta de contenido el espejo se convierte en una reflexión diferente, algo como una parte de lo que la persona está diciendo. Si una persona dice: «uno, dos, tres», la respuesta de contenido puede ser: «oh, tres». Ejemplo: Amigo: «Se pasó el alto y me golpeó.» Consejero: «¡Lo golpeó!»

Respuesta de sentimiento

Una respuesta de sentimiento refleja la emoción que la persona ha expresado o que está implícita. Una persona en crisis frecuentemente reacciona emocionalmente y toma malas decisiones. Ayuda si la persona lastimada recibe estímulo para expresar sus emociones. Ejemplo: Amigo: «Solamente llamo para decir que no vendré.» Consejero: «Suena como que esto le dolió bastante.»[6]

Resumen del procedimiento de aconsejar

El proceso de aconsejar, después de todo lo dicho, se puede resumir en cinco pasos:

1. Análisis: colección de material e información.
2. Síntesis: la habilidad de organizar el material e información con el propósito de revelar la naturaleza básica de la personalidad del consultante.
3. Diagnosis: se refiere a la conclusión concerniente a la naturaleza del problema del consultante.
4. Prognosis: predicción del futuro, desarrollo del caso.
5. Consejería: son los pasos tomados por el consejero y el consultante después de terminar la terapia, y si la solución al problema se ha alcanzado.[7]

---

6. Skip Hunt, *¿Cómo puedo ayudar?* (Tampa, Florida, 1989), p. 23.
7. Lloyd M. Perry and Edward J. Lias, op. cit., p. 162.

Cómo escribir un caso

Razones por las cuales se escribe un caso:

1. Para analizar con su instructor, si usted es un estudiante, su habilidad en tratar con el problema.
2. Para no olvidar detalles importantes.
3. Para discutir el caso con otro pastor si usted siente que necesita ayuda –con el permiso del consultante–.
4. Para discutir el caso con un grupo de personas con el propósito de buscar ayuda o instruir –con el permiso del consultante–.
5. Para archivarlos y referirse a ellos en el futuro.

En su informe siempre incluya la fecha, el lugar de visita, la edad de la persona, su estado civil, su familia, su trabajo, si es miembro oficial de una iglesia, los años de convertido, y otros datos que usted crea pertinentes.

En resumen, el informe de la entrevista debe incluir:

1. Información general del individuo.
2. Preguntas que usted formule antes de la visita.
3. Informe de la entrevista, la conversación.
4. Su crítica de la visita con sus conclusiones, de cómo mejorar la visita.
5. Planes para la próxima entrevista.

Ejemplo de una entrevista

La siguiente entrevista surgió informalmente en un campamento juvenil. Es un buen ejemplo para enseñar las diferentes maneras en que las personas piden ayuda. Algunas veces vienen directamente donde nosotros con un problema y a veces nos envían un mensaje no verbal del inconsciente.

Una mañana, en un campamento juvenil, le pedí a un joven estudiante para el ministerio que me escribiera a máquina unas preguntas que yo había preparado para un estudio bíblico esa tarde. Cuando me entregó la copia escrita en la máquina de escribir, vi que había usado el tipo de letra roja. Presentí que esto no era normal, y que era una señal del inconsciente pidiendo ayuda. Lo que sigue es la entrevista.

«–Por qué escribiste con cinta roja?
–Porque ya la cinta estaba en esa posición.
–No me parece muy válida esa excusa. ¿Tú le tienes miedo a la muerte?
–No.
–¿Cómo te sientes en un funeral?
–Muy mal.
–¿Sabes por qué?
–Me recuerda la muerte de mi hermano.
–¡No me digas!
–Sí, hoy es el tercer aniversario de su muerte; murió joven. Él era muy inteligente y estaba estudiando para ser ingeniero, y de momento enfermó y pronto murió.
–¿Qué clase de relación tenías con él?
–Yo le tenía envidia, discutíamos a menudo, y yo, bajo el coraje en mi mente, a veces le deseaba la muerte.
–Me imagino que esto te trae culpabilidad.
–Sí, me siento como que causé su muerte. Me siento como un hipócrita estudiando para el ministerio.
–Explícame más.
–Yo noto que otros estudiantes son más consagrados y trabajan más para el Señor que yo. Quizás yo no sea llamado para el ministerio y estoy estudiando para expiar mi maldad.»

En la conversación, otros problemas salieron a flote, pero tenemos suficiente material en esta entrevista para llenar nuestro propósito didáctico. En esta entrevista surgieron dos problemas: culpabilidad por la muerte de su hermano y duda sobre su llamamiento al ministerio. Le aseguramos que la rivalidad entre hermanos es común y que bajo el coraje deseamos cosas que en realidad no deseamos; nadie puede traer la muerte a otro simplemente con desearla. Le sugerí que esa noche, cuando orara, se imaginara que se estaba abrazando con su hermano y a Cristo abrazándolos a los dos.

Sobre su llamado al ministerio le aseguramos que Dios usa diferentes experiencias en nuestras vidas para cumplir su voluntad para nuestra vida. Cristo quería su corazón herido para que él ayudara a otros. El joven se graduó y ahora está ministrando para el Señor.

7

C asos especiales en la psicología pastoral

De la manera que en la medicina ciertas enfermedades físicas son comunes, tales como el catarro, el dolor de cabeza, la fiebre y otras, así también en el asesoramiento pastoral tenemos ciertos problemas que se presentan más a menudo que otros. El propósito de este capítulo es identificar esos problemas más comunes y la manera de tratarlos.

Asesoramiento premarital

El siguiente modelo para asesorar a futuros cónyuges es un poco ambicioso. La mayoría de los pastores y obreros cristianos no gozan del tiempo para hacer un trabajo tan completo, pero sí pueden usar las ideas más importantes para asegurarse que los novios entiendan la dinámica del matrimonio.

MODELO GENERAL

Metas

1. Ayudar a la pareja a examinar su madurez para entrar en el matrimonio y en la vida familiar.
2. Hay tres maneras esenciales de conseguir esto: a) Recoger ideas de la formación de personalidad de cada individuo y las clases de sentimientos que tienen. b) Des-

cubrir el papel y la actitud que ellos esperan de sí mismos y del compañero en el matrimonio. c) Explorar fracasos y éxitos en relaciones interpersonales.

Señales de madurez

1. Objetividad: ver la realidad sin ser afectados por nuestros sentimientos.
2. Tener un concepto realista del matrimonio. Ver el matrimonio como lo que es: no un escape de la vida, sino una manera de vivir que trae nuevos problemas y responsabilidades.
3. Tener un concepto del amor basado en la realidad.
4. Tener una filosofía realista de la vida.
5. Conocernos a nosotros mismos.
6. Enfrentarse a los problemas constructivamente.
7. Pensar independientemente.
8. Aceptar responsabilidad por sus errores.
9. Ayudar a otros. La madurez se alcanza cuando nos preocupamos por el prójimo tanto como por nosotros mismos.
10. Tener planes realistas.
11. Tener madurez en su actitud hacia la sexualidad.

La primera sesión

Esta sesión se comienza pidiéndole a la pareja que hable de su noviazgo.

1. ¿Cómo se conocieron?
2. ¿Qué tiempo llevaron de novios?
3. ¿En qué actividades participan?
4. ¿Qué los atrajo el uno al otro?

La segunda sesión

El propósito de esta sesión es animarlos a explorar algunas de sus actitudes en cuanto al amor y el casamiento. Averigüe lo que ellos creen que significa el amor.

1. ¿Cuál es el significado del amor marital y sus relaciones?
2. ¿Ha crecido y madurado su amor? Pídales ejemplos.
3. ¿Cómo esperan ser uno y al mismo tiempo mantener su identidad?
4. Su atractivo físico: ¿Cómo se ha desarrollado y profundizado? Que exploren su actitud hacia sus cuerpos.
5. Habilidad para comunicar: El matrimonio está compuesto por dos componentes esenciales: a) compañerismo –compartiendo–, y b) cariño.
6. Que exploren lo que les gusta y disgusta de cada uno.

La tercera sesión (individualmente)

Alcanzar una percepción más profunda del individuo y asesorar la madurez de la persona y cómo ésta afectaría la interacción matrimonial.

1. Se toma una historia de su desarrollo emocional (vea la sección *Historial de una persona*). Karen Horney dice que inconscientemente el bebé decide cómo enfrentarse a la vida. Unos deciden cooperar, otros pelear y otros estar solos. Averigüe cuál es el caso en los asesorados.
2. Averigüe algo de su nacimiento y edad temprana.
    a) ¿Cómo era su familia?
    b) ¿De quién estaba más cerca? ¿Padre, madre, hermano, ninguno?
    c) ¿Con qué miembro de la familia compartía sus problemas?
3. Experiencias en la escuela.
4. Amigos íntimos: muchos, pocos, solitario.
5. Desarrollo de los sentidos sexuales.
    a) ¿Cómo se siente al pensar en las primeras experiencias sexuales?
    b) ¿Le afectan hoy?
    c) ¿Tuvo la persona experiencias sexuales premaritales que le causan culpabilidad y ansiedad?
6. ¿Cómo se enfrenta el individuo con sus pensamientos?

¿Cómo resuelve las ofensas? ¿Deja de hablar? ¿Suprime los problemas hasta que al fin explota en la ira? ¿Es franco? ¿Llora?, etc.

7. Pregúntele: ¿Qué es lo peor que le ha sucedido? ¿Cómo lo enfrentó? ¿Cómo lo resolvió?

8. Pregúntele también: ¿Qué es lo mejor que le ha sucedido? Esto revela las cosas que le hacen sentir bien y por qué.

9. En la segunda fase de la entrevista individual se torna a hablar del presente, el noviazgo, la boda y los temores y ansiedades presentes.

   a) Pídale que le diga lo que no le gusta de su compañero.
   b) ¿Cuál es el papel que ven para sí y para su futuro?
   c) Se le aconseja darse un buen examen físico. Esto revela si existen problemas físicos, si pueden tener hijos, métodos de control de la natalidad, etc.
   d) Provea a la pareja o sugiérale un buen libro que cubra todos los aspectos de la vida matrimonial.

La cuarta sesión

Se hace unidos. Su propósito es establecer las actividades de la relación matrimonial. ¿Quién hace qué? ¿Qué papel juega cada uno?

1. El trabajo secular de la esposa y del esposo. ¿Qué problemas y beneficios puede haber aquí, fuera de las ganancias maritales?

2. Presupuesto: cuentas bancarias, deudas, manejo del dinero.

3. Alimentación: ¿Quién cocina, compra o planea el menú?

4. Planificación familiar: ¿Cuándo, cuántos, niño o niña? ¿Qué haría si la esposa queda encinta a pesar de evitarlo?

5. Relación con los familiares: suegros, vacaciones, comidas familiares.

6. Amistades: ¿cómo las continuarán?

7. Continuación de la educación.

8. Pasatiempos: música, deportes, arte, etc.

9. Vida cristiana. Ésta afecta a todas las demás relaciones.

La quinta sesión

Esta sesión es para explorar juntos la dimensión emocional de la relación.

1. Dependiente o independiente, activa o pasiva.
2. ¿Qué distancia y proximidad debe tener esta pareja?
3. ¿Cómo se ve su patrón de someterse y dominar?
4. ¿Tienen una comunicación efectiva?
5. ¿Cuáles son sus capacidades para ofrecer simpatía o ser insensitivo?
6. ¿Cómo se establece el patrón de hacer decisiones?
7. ¿Cómo resuelven los conflictos? ¿Pueden perdonar o guardar el enojo?

La sexta sesión

El propósito de esta sesión es enfocar la dimensión religiosa de la relación para que la ceremonia nupcial se vea como una celebración religiosa y una forma de adoración y cometido a Dios.

1. ¿Existen diferencias religiosas? Éstas se deben explorar y resolver.
2. Discusión de sus propias prácticas religiosas, tales como la oración, altar familiar, etc.
3. ¿Qué tipo de boda desean tener? ¿Civil, religiosa, costosa, pobre? ¿Cuántos invitados?
4. La boda debe ser de acuerdo a su capacidad para pagar.
5. En áreas de grandes diferencias se puede hacer un contrato verbal. ¿Qué es el matrimonio? «No es un contrato civil como el derecho lo ha reglamentado, no es el resultado del amor romántico y que termina en el divorcio. Matrimonio debe ser el amor de Dios –ágape– reflejado en nuestras vidas y dirigido hacia otras personas, uniendo nuestra amistad e intereses personales –fileo–, y ligando nuestras atracciones físicas y sexuales –eros–.»

Asesoramiento marital

El asesoramiento terapéutico ocurre durante o después de una crisis personal, una situación que ha puesto al individuo bajo presión tan aguda que sus maneras de enfrentarse a sus problemas ya no le ayudan. Es una trilogía: el Espíritu Santo, el consejero y el consultante. La pareja feliz es «la que puede resolver sus problemas, no la que no tiene problemas. Los que se casan con la actitud de que el matrimonio es para siempre tienen más éxito en resolver sus problemas. Después de la ceremonia las personas enseñan su verdadera personalidad y lo que estaba oculto durante el noviazgo sale a la superficie».

Períodos de ajuste en el matrimonio

1. Al comienzo del matrimonio.
2. Cuando llegan los hijos.
3. Cuando los hijos crecen y se van.
4. Edad de retiro. Crisis: muerte, enfermedad o desastre financiero.

Cuando hay problemas

Se comienza definiendo el problema o problemas que están afectando la relación matrimonial. Se trata con la crisis inmediata.

Cómo comienzan los problemas

1. Diferencias pequeñas se van amontonando hasta que la pareja queda desencantada.
2. Lista de quejas de las esposas:
   a) Atiende más a su mamá que a mí.
   b) Se cree que todavía es soltero.
   c) Problemas de suegros:
      – No me aceptan.
      – Tratan de ordenar en nuestros hogares y quieren criar a nuestros hijos.

- Nos tratan como niños.
- Nos dan demasiados consejos.
- Nos tratan de ayudar demasiado.
- Me avergüenza delante de ellos
- Delante de ellos me ignora, me critica, no me muestra cariño y toma el lado de ellos.
- Está amarrado del delantal de su mamá y coge los consejos de su mamá sobre los míos.
- Siempre está metido en la casa de sus padres.
- Le cuenta a su mamá demasiado de nuestros asuntos personales.

d) Es egoísta y desconsiderado.

e) No tiene éxito en los negocios.

f) No dice la verdad.

g) Se queja mucho.

h) No es cariñoso.

i) No consulta las cosas conmigo.

j) Es demasiado fuerte con los niños.

k) No muestra interés por los niños.

l) Es repugnante.

m) No muestra interés por el hogar.

n) No tiene ambición.

o) Es nervioso e impaciente.

p) Me critica.

q) No maneja bien sus ingresos.

r) Es estrecho de mente.

s) No me es fiel.

t) Es haragán.

u) No le gusta hablar.

v) Me molestan sus familiares.

w) Se deja influenciar fácilmente por otros.

x) Es duro con el dinero.

y) No me lleva a ningún sitio.

3. Lista de quejas del esposo (muy parecida a la de la esposa):

a) Siempre me está regañando.

b) No me demuestra cariño.
c) Se queja mucho.
d) Interfiere con mi pasatiempo.
e) Siempre está mal presentada.
f) Es ligera de genio.
g) Interfiere cuando disciplino a los niños.
h) Es orgullosa.
i) Es egoísta y desconsiderada.
j) No es sincera.
k) Se le hieren los sentimientos fácilmente.
l) Es estrecha de mente.
m) Es negligente con los niños.
n) No limpia la casa.
o) No dice la verdad.
p) Se mete en mis negocios.
q) Sobreprotege a los niños.
r) Malgasta el dinero.
s) Me molestan sus familiares.
t) Es nerviosa y emocional.
u) Se deja influenciar por las amigas.
v) Es celosa.
w) Es chismosa.
4. Uno de los dos explota.

Esto trae una pelea abierta que puede llevarlos a la resolución del conflicto o la separación. Si las dos personas deciden en la confrontación y el ataque se intensifica la crisis; muchas veces se logra una reconciliación temporal y después vuelve el ataque. Esto comienza a afectar todos los aspectos de la vida familiar. Las peleas afectan más a los niños. Se dicen cosas que no son verdad para herir y luego se arrepienten.

Si la pareja no puede resolver su problema comienzan a buscar aliados. A veces usan a los niños; cada cual busca a alguien que se ponga de su parte. Algunos buscan gratificación por otros medios. Se dedican a sus hijos, al trabajo filantrópico o buscan el amor en otra persona.

La etapa final es el rompimiento del matrimonio. Al fin uno

decide que está dispuesto a pagar el precio para terminar el matrimonio; se buscan un abogado. En la mayoría de los casos ése es el punto de no volver. Cuando solamente queda la ceniza de los días del noviazgo y únicamente están encendidos los carbones del odio, no queda mucha esperanza de una reconciliación.

Tres ingredientes importantes para establecer y edificar un buen matrimonio

1. El individuo tiene que obtener una medida real de estimación propia. Si no estamos en paz con nosotros mismos no podemos ver el bien en otros.
2. Debe de haber habilidad en comunicar directa y claramente sus sentimientos.
3. Debe de haber la habilidad de tomar acción para resolver el sentir comunicado, o sea, llegar a un acuerdo.

Consejos para tener buenas relaciones con los suegros

1. Trate de hacer las cosas como ellos las hacen.
2. Decida que va a tener buenas relaciones con ellos.
3. Trátelos como a su propia familia.
4. Respete sus puntos de vista.
5. No los visite por mucho tiempo.
6. Ignore las cosas que le irriten.
7. Han llegado a ser lo que son mediante un largo período de tiempo, por lo tanto, no trate de cambiarlos.

Etapas financieras

1. Las edades entre los 22 a 25 años son la luna de miel financiera, los dos trabajan.
2. Los hijos nacen y la esposa deja de trabajar. Las responsabilidades financieras se duplican, vienen más hijos. Normalmente es la etapa financiera más crítica.
3. Durante la edad de los 35 a los 45 años la carga finan-

ciera comienza a aliviarse un poco. Los hijos están en la escuela y la esposa trabaja parte del tiempo.

4. Desde los 45 años en adelante son los años más felices financieramente: mejores ingresos, hijos casados, la esposa trabaja, etc.

La iglesia y los divorciados

Las principales causas de los divorcios son:

1. Falta de madurez emocional.
2. Industrialización: la mujer y los niños no son tan necesarios como en el pasado.
3. Amor sentimental al estilo del teatro.
4. Problemas con los suegros y la desaprobación de los padres.
5. Diferencia en sus trasfondos social y religioso.
6. Finanzas y vivienda (más devoción en tiempos prósperos).
7. Infidelidad y ambición por un cónyuge mejor.
8. Cambios en las leyes del divorcio.
9. Mujeres que trabajan fuera del hogar.
10. Avances tecnológicos (la píldora).
11. El divorcio ya no se considera un fracaso.
12. Tomar al cónyuge por sentado y descuidar la apariencia y la vida social.

¿Es legal disolver el matrimonio?

Esta pregunta presenta uno de los problemas más difíciles en cuanto al matrimonio dentro de la ética cristiana.

1. La Iglesia católica en situaciones especiales anula el casamiento. Considera el casamiento un sacramento, no acepta el divorcio.
2. La posición del Antiguo Testamento (Deuteronomio 24:1-4).
   a) El esposo podía divorciarse.
   b) La mujer se podía volver a casar, pero no con el primer marido.

c) La escuela rabínica judía permitía el divorcio por cualquier excusa: si la mujer quemaba el pan, ponía mucha sal en la papa, etc.

d) La escuela judía de Shannaí sólo permitía el divorcio en caso de adulterio.

3. La posición de Cristo sobre el divorcio (Mateo 19:4-9).

a) En la creación Dios los hizo una sola carne.

b) Lo que Dios juntó no lo separe el hombre.

c) En el Antiguo Testamento se permitió el divorcio por la dureza de corazón.

d) Sólo por fornicación.
  - Si hubo adulterio.
  - Si hubo relación sexual antes del casamiento.
  - Algunos creen que por esta razón –fornicación– se pueden divorciar pero no volverse a casar, pero otros creen que sí se pueden volver a casar.

e) Jesús enseñó misericordia.
  - A la mujer samaritana (Juan 4).
  - A la mujer tomada en adulterio (Juan 8:3-11).

Lo que debe hacer la iglesia para evitar el divorcio

1. Crear para las familias de la iglesia un ambiente emocional saludable.

2. Ofrecer una educación sexual más positiva; por lo general siempre se enfatiza lo negativo.

3. Ofrecer un buen programa de asesoramiento premarital y marital.

4. Ofrecer clases especiales para los jóvenes casados.

5. Estar familiarizado con los programas que la comunidad tiene para las familias.

Cómo ayudar a los ya divorciados

1. No pase un juicio moral. Déjelos a la misericordia de Dios.

2. Hay casos cuando el divorcio es recomendable, pero sin segundas nupcias.

3. Muestre interés en ellos como individuos y ayúdelos a reconstruir sus vidas.

El Cantar de los Cantares

Introducción

El Cantar de los Cantares fue originalmente escrito por Salomón para expresar la belleza del amor entre dos personas. Tanto el judaísmo como el cristianismo han espiritualizado su mensaje; el judaísmo lo asocia como la relación entre Jehová e Israel, y el cristianismo hace una analogía de la relación entre Cristo y la Iglesia.

No hay problema en espiritualizar el contenido del libro de Cantares si no nos olvidamos que tiene un mensaje práctico. El Cantar de los Cantares se puede usar como una guía para asesoramiento premarital y marital. La Biblia en este libro enseña cómo hacer el amor, la buena comunicación entre las parejas, la belleza y santidad del sexo en el matrimonio.

UNA GUÍA MATRIMONIAL[1]

I. El día de la boda (1:1–2:7)

1:2　Sulamita, «mejores son tus amores que el vino». En hebreo «vino» se refiere a un banquete.

1:5　«Morena soy», piensa en su color de campo y no se acompleja. Su belleza era natural.

1:9　«Amiga mía» tener relaciones sexuales con alguien, promesa de «guardar y cuidar».

1:11　«zarcillos de oro te haremos» los regalos en el matrimonio continuarán.

---

1. Joseph C. Dillow, *Cantar de los Cantares* (Miami, Florida: Logoi), 1981.

Recámara nupcial (1:15–2:7) Luna de miel.

Muchos no se preparan para la noche nupcial.

1:16 «nuestro lecho es de flores» (la cama).

1:17 «las vigas de nuestra casa son de cedro». Prepare el ambiente.

2:3 «Su fruto fue dulce a mi paladar.» Alabe a su cónyuge. Genitales masculinos o el semen.

2:4 «Su bandera sobre mí fue amor.» Cuidado y protección del rey.

2:5 «Estoy enferma de amor.» Completamente dominada por su deseo sexual.

2:7 «No despertéis ni hagáis velar al amor,

3:5 hasta que quiera»

8:4 1. Manténgase virgen.

2. Esperen el momento apropiado antes del clímax (mutua satisfacción).

3. No cometan adulterio por venganza.

II. Los días del noviazgo (2:8–3:5)

Conózcanse antes del matrimonio

2:11 «Ha pasado el invierno.» Es la primavera y Salomón la invita a pasear.

2:15 «Cazadnos las zorras, las zorras pequeñas, que echan a perder las viñas.» Resolver los problemas antes del casamiento.

3:1-5 Un sueño de separación. «Por las noches busqué en mi lecho al que ama mi alma, … y no lo hallé.»

1. ¿Sería ella feliz con un rey que siempre está ocupado?

2. Considere el precio. «Hallé luego al que ama mi alma… lo metí en casa de mi madre.» ¿Sería feliz lejos de mamá?

III. De la procesión nupcial a la unión marital (3:6–5:1)

Cronológicamente viene antes de 1:1.

Preciosa procesión nupcial (haga su boda de acuerdo a sus medios financieros).
La noche de boda (4:1–5:1).

4:1   El juego amoroso. Comienza con los ojos, continúa con el cabello hasta llegar al monte de la mirra,

4:6   (el monte de Venus eróticamente perfumado)

4:11 «leche hay debajo de la lengua» sus besos, «y el olor de tus vestidos como el olor del Líbano». Use un negligés, no un pijama de franela.

4:12 «Huerto y fuente cerrada eres» vagina (era virgen).

4:16 «Venga mi amado a su huerto y coma de su dulce fruta.» No le pide las relaciones sexuales hasta que está lista. Comunicación sexual.

5:1   «he comido mi panal y mi miel» (deleite sexual). Dios: «Comed, amigos; bebed en abundancia, o amados.» Dios los anima a tomar del regalo del amor sexual.

IV. Ajustes sexuales en el matrimonio (5:2–8:4)

5:2   «Ábreme… paloma mía», llega tarde del trabajo.

5:3   «Me he desnudado de mi ropa…»
Problema sexual número uno es el cansancio.

Rechazo: la siguiente carta está escrita en broma, exponiendo de una manera humorística el asunto del rechazo.

A mi querida esposa:

Durante el año pasado he tratado de hacerte el amor 365 veces. He tenido éxito sólo 36 veces; un promedio de una vez cada 10 días. A continuación te doy una lista de por qué no tuve éxito con más frecuencia.

Se despertaron los niños .... 27 veces
Es muy tarde .... 23 veces
Hace mucho calor .... 16 veces
Está muy frío .... 5 veces

Es muy temprano .... *15 veces*
Pretendías que estabas dormida .... *46 veces*
La ventana está abierta,
    escucharán los vecinos .... *9 veces*
Me duele la espalda .... *26 veces*
Me duele la cabeza .... *18 veces*
Me duele una muela .... *13 veces*
Te dio risas .... *6 veces*
No tengo ganas .... *36 veces*
Comí mucho .... *10 veces*
El bebé etá llorando .... *17 veces*
Viste la televisión hasta muy tarde .... *17 veces*
Yo vi la televisión hasta muy tarde .... *15 veces*
Tenías puesta una máscara
    de fango facial .... *11 veces*
Está la visita en el otro cuarto .... *11 veces*
Tenías que ir al cuarto de baño .... *19 veces*

329 veces

Durante las 36 veces que tuve éxito, la actividad no fue enteramente satisfactoria debido a las siguientes razones:

1. *Seis veces, durante todo el tiempo, masticabas goma de mascar.*
2. *Siete veces durante el acto te pasaste el tiempo viendo televisión.*
3. *Me dijiste diecisiete veces que avanzara a terminar.*
4. *Te tuve que despertar dieciséis veces para dejarte saber que había terminado.*
6. *En una ocasión pensé que te había herido, pues sentí que te moviste.*

¡Ay querida, no en balde estoy tan frustrado!

Tu amante esposo

No ves que estoy acostada y cansada. Era una hora impropia. Ella lo rechazó. El 75% de los problemas matrimoniales son causados por el sexo.

5:6 «Abrí yo a mi amado… pero se había ido.» 1 Co. 7:3-5. Cuándo abstenerse.
1. Cuando ha habido consentimiento mutuo.
2. Cuando es por un corto período de tiempo.
3. Cuando el propósito es dedicarse a la oración.
4. Puede llevar al pecado del adulterio.
5:8 «Si halláis a mi amado… estoy enferma de amor.» Un cambio de actitud.
5:9 Habla de las virtudes de su esposo.
5:10-16 Se lo imagina desnudo.
6:3 «Apacienta entre los lirios», está en su trabajo.
6:4 El regreso de Salomón. Le habla como la noche de boda.
1. No se retire al ser rechazado.
2. No responda de igual manera.
6:9 «Mas una es la paloma mía», le es fiel.
6:13-8:4 La Danza del Mahanaim. Baila delante de Salomón (él describe su cuerpo).
1. Baile (el hombre es excitado por la vista).
2. Caricias (la mujer es excitada por las caricias).

V. Unas vacaciones en el campo (8:5-14)

Cuando la relación se puso tensa se fueron de vacaciones.
8:6 «Ponme como un sello sobre tu corazón… duros como el seol los celos.» La falta de atención despierta celos.
8:7 El amor no se puede comprar. Pocos alcanzan el amor ideal.
8:14 «Apresúrate, amado mío, y sé semejante al corzo… sobre las montañas de los aromas.»
1. El jugueteo y la potencia sexual.
2. Sus pechos y huertos perfumados continuarán.

Problemas sexuales más comunes

1. Eyaculación prematura.
2. Disfunción orgásmica – frigidez en la mujer.

Cuatro actitudes generales para evitar

1. Evite «echarle la culpa a su pareja», nosotros tenemos un problema.
2. Evite el papel de espectador, abandónese al placer.
3. Evite establecer metas para sus encuentros sexuales. ¿Fracasaremos de nuevo? Comiencen como que no esperan nada.
4. Evite los mitos:
   – Todas tienen un orgasmo explosivo.
   – Orgasmo simultáneo es lo ideal.

La culpa

Comenzamos con la culpa porque en la mayoría de los casos es la raíz de los trastornos emocionales más comunes. La culpa puede definirse como un sentimiento de pecado, maldad, conducta incorrecta e ineptitud. El reconocimiento de la culpa se presenta en la edad en que la persona distingue entre el bien y el mal. Al tratar con individuos como orientador, es importante distinguir dos clases de culpa.

Culpa real. Puesto que todo ser humano tiene una inclinación inherente al pecado, quebranta la ley de Dios y es culpable de pecado. La sensación de vileza y maldad como resultado de transgredir la ley de Dios se conoce como culpa real. «Por tanto, como el pecado entró al mundo por un hombre y por el pecado la muerte, así la muerte pasó a todos los hombres por cuanto todos pecaron...» (Ro. 5:12).

Culpa ficticia. A veces los sentimientos de culpa que atormentan a la persona no son de naturaleza espiritual. Provienen de causas emocionales; puede que la persona ya haya entregado su vida a Cristo, pero todavía no puede desprenderse de su sentimiento de culpa. Puede que continuamente pida a Dios perdón por algún pecado y, sin embargo, no logra librarse del sentimiento de culpa y vileza. Ésta es una reacción anormal producida por ciertas situaciones del ambiente, por lo común de la niñez, y que pueden llamarse sentimientos de culpa fictícia.

Los sentimientos de culpa, tanto real como fictícia, pueden manifestarse de numerosas maneras: conducta ejemplar, dolencias somáticas corporales, hundirse más, sensación de depresión, autocondena, autocastigo y expectación de censura, proyección y crítica indebida, hostilidad, compensaciones –buenas acciones–.

Los sentimientos de alto menosprecio y culpa fictícia inducidos del ambiente –por los padres, maestros y otras personas– deben tratarse examinando las experiencias que han conducido a esas actitudes. El terapeuta debe ayudar al paciente para que distinga sus sentimientos de culpa fictícia de aquellos que son resultado de transgredir las leyes de Dios. Cuando la persona comienza a comprender que padece de una culpa no proveniente de la obra de convicción del Espíritu Santo, obtiene de esas actitudes libertad y alivio de nuevo.

Si una persona padece sentimientos de culpa real que provienen del poder convincente del Espíritu Santo, la única solución se halla en el perdón de Cristo. Cuando la persona encare su necesidad de perdón y acepte a Cristo como su Salvador, se verá aliviada de estos sentimientos de culpa. Esto es milagro de Dios.[2]

Alcoholismo

El alcoholismo es uno de los problemas más grandes de la América Latina. ¿Qué es un alcohólico? El alcohólico es aquella persona cuya familia y comunidad sufren por su hábito. No hay un punto aplicable para cada persona. Tenemos que tratar cada caso individualmente.

El alcohólico es una persona enferma. De la misma manera

---

2. Clyde M. Narramore, *Enciclopedia de problemas psicológicos* (Barcelona, España: Litografía Lagranje, 1966), págs. 41-44.

que el diabético no puede usar azúcar, tampoco el alcohólico puede usar el alcohol. El alcohólico es como un niño hostil: hay que hacerle la vida difícil. No le dé dinero, eso es «bondad cruel». No lo excuse con su patrón. Él usa el alcohol para matar el dolor de sus problemas, y cuando él vea que su vicio es más doloroso que sus problemas buscará la sanidad. Cuando usted note que alguien está perdiendo el control con la bebida, ponga literatura acerca del alcohólico en un lugar donde la persona pueda encontrarla.

El Ejército de Salvación, que por muchos años ha trabajado con alcohólicos, ofrece estos pasos para asesorar al alcohólico.

1. El alcohólico tiene que reconocer que no puede controlar su hábito y que su vida está completamente desorganizada.
2. Tiene que reconocer que sólo Dios, su creador, puede recrearlo en un hombre decente.
3. Tiene que dejar que Dios, por medio de Jesucristo, gobierne su vida y resolverse a vivir conforme a su voluntad.
4. Tiene que entender que su hábito al alcohol es sintomático de defectos básicos en su pensar y vivir, y que el uso adecuado de cada talento que él posee es imposibilitado por su esclavizamiento.
5. Debe de hacer confesión pública a Dios y a los hombres por malos hechos en el pasado y estar dispuesto a pedir guía a Dios en el futuro.
6. Debe de hacer restitución a todos los que voluntariamente y a sabiendas ofendió.
7. Él tiene que entender que es humano y sujeto a errores y que no ganará nada con cubrir sus errores; debe de admitir su fracaso y ganar por su experiencia.
8. Siendo que por la oración y el perdón él ha encontrado a Dios, debe de continuar teniendo contacto con Dios y buscar su voluntad.
9. Debe de trabajar por conseguir la salvación de otros como él.

Celos

Los celos pueden definirse como una actitud de envidia o resentimiento respecto a un rival que logra mayor éxito que uno. La persona celosa muestra numerosas formas de conducta que revelan sus verdaderos sentimientos. No calza en su ambiente; puede ser desconfiada y terca. A menudo ataca a la víctima de su envidia mediante afirmaciones difamatorias, o en algunos casos mediante la agresión física. Se siente incapaz de satisfacer las normas y expectaciones de los demás; sin embargo, calumniando y detractando a quienes muestran más capacidad es como trata de lograr su propia estima.

En los niños, cierto sentimiento de celos es universal. Los padres han de esperar cierto grado de emulación en los niños, quienes procuran el éxito y la alabanza. Cuando las actitudes de celos se vuelven fijas y muy intensas es cuando constituyen síntomas de dificultades emocionales.

En la mayoría de los casos de celos, un elemento básico es el modo en que los padres trataron las primeras relaciones de la niñez. Si los padres ayudan a sus hijos a que desarrollen relaciones interpersonales sanas y respeto a los derechos del prójimo, a menudo podrán evitarse los celos.

El favoritismo paterno es otra fuente de celos. Si los padres centran su atención y afecto en un hijo, es natural que los demás sientan celos del favorito. El desarrollo espiritual insuficiente puede ser también factor influyente en los sentimientos de celos: «el verdadero amor no envidia». A las personas celosas se les debe enseñar a desarrollar el hábito de enseñar a otros.

En la orientación de adultos casados es importante trabajar con el marido y la mujer. Como el individuo celoso es básicamente una persona insegura, el cónyuge debe comprender las necesidades emocionales que están en juego.[3]

---

3. Ibíd., págs. 38-40.

Homosexualismo

El desarrollo de la heterosexualidad es un proceso largo y complicado. Dados los numerosos factores que influyen en este desarrollo, muchas personas no logran alcanzar el ajuste sexual normal. Aunque el término «homosexualismo» puede aplicarse en ambos sexos, el término «lesbianismo» se aplica únicamente a las mujeres. Pueden distinguirse tres niveles de homosexualismo.

Latente. Algunas personas sexualmente normales en apariencia, tienen novias o novios, se casan, tienen hijos y tienen tendencias homosexuales de las cuales ni siquiera se dan cuenta.

Pasivo. Las personas de este nivel por lo común practican actos homosexuales sólo cuando un homosexual activo los invita y pueden desempeñar papel pasivo. A menudo son capaces de relaciones heterosexuales y ser casados y tener hijos.

Activo. Los de este nivel activamente solicitan la participación de otros en actos homosexuales y pueden cometer violación homosexual.

Diversas teorías se han dado respecto al origen del homosexualismo. Hoy día se acepta ampliamente que este trastorno es en gran parte resultado del desarrollo anormal de la personalidad.

Trastornos glandulares. Algunos investigadores creen que el homosexualismo se debe a trastornos hormonales.

Causas genéticas. Algunos investigadores han sugerido la influencia hereditaria en el desarrollo del homosexualismo, o sea, que los homosexuales nacen así; pero faltan pruebas concluyentes en apoyo de esta tesis.

Madres dominantes. Algunas madres reprimen y empequeñecen la masculinidad de sus hijos. Cuando esto ocurre, el niño pierde confianza en su propio sexo.

Padre débil. Cuando a la madre dominante se suma un padre débil la situación negativa se intensifica. El hijo no puede contar con el apoyo de su padre en su lucha por convertirse en hombre. Puede entonces perder el respeto a su padre y a su propio sexo.

Madre demasiado complaciente. Una madre excesivamente complaciente hace que el niño tenga tan gran apego a su madre que no logre romperlo al crecer.

Padres crueles. La madre o el padre continuamente crueles y arbitrarios pueden provocar en el niño de sexo opuesto mala voluntad hacia otros del mismo sexo del padre cruel.

Matrimonio mal avenido. En el caso de muchos homosexuales, parte de la causa subyacente puede remontarse a relaciones conyugales reales de los padres.

Exceso de intimidad con un progenitor del mismo sexo. Cuando el niño pequeño tiene una relación demasiado íntima con uno de sus progenitores, a expensas de la identificación normal con el otro, el niño no logra desarrollar actitudes heterosexuales saludables.

La Biblia nos enseña que la homosexualidad es el resultado de «una mente depravada» (Romanos 1:24-27). El homosexualismo es uno de los resultados de la apostasía del mundo y de la pecaminosidad negativa del hombre que niega adoración a Dios.

Para poder ayudar al homosexual es importante que el orientador provea una atmósfera de aceptación y no de crítica para el paciente. El orientador ayuda al homosexual a comprender las dinámicas de su trastorno. Un vigoroso programa de desarrollo espiritual para el creyente y una genuina conversión para el que no es salvo son de la mayor importancia para vencer los trastornos sexuales graves.

El crecimiento espiritual convence al hombre de sus actos homosexuales y también lo capacita para vencerlos. De esta recuperación habla claramente la Palabra de Dios. «¿No saben ustedes que los injustos no van a tener parte en el reino de Dios? No se dejen engañar, pues no van a tener parte en el reino de Dios los que tienen relaciones sexuales fuera del matrimonio… ni los hombres que tienen trato sexual con otros hombres.» En el versículo 11 descubrimos que las personas a quienes se refiere en el versículo 9 vencieron sus problemas de pecado. «Así eran algunos de ustedes, pero ya han sido purificados, consagrados a Dios y aceptados por él en el nombre del Señor Jesús y por el Espíritu de nuestro Dios» (1 Co. 6:9, 11, versión popular).[4]

El clero y la adicción sexual

Juanita, una joven atractiva y madre de dos niños, ha estado asistiendo a su iglesia por los últimos seis meses. Ella ha aceptado a Cristo como su Salvador y da evidencia de estar creciendo en gracia. Ella ha estado teniendo problemas con su esposo, que no es creyente, y él no quiere hablar con ningún pastor.

Juanita viene al pastor a pedirle consejo concerniente a su matrimonio. Ella le confiesa que ha descubierto evidencia que su esposo le es infiel con otra mujer. Usted le aconseja que confronte a su marido con los cargos. Durante una conversación después del servicio del domingo por la mañana, Juanita le hace a usted los dos siguientes comentarios: «Pastor, me encanta pasar el tiempo hablando con usted» y «siempre estoy pensando en usted». ¿Qué le contestaría usted como pastor? ¿Qué otro paso tomaría? ¿Cómo lo cambiaría hacia ella sus metas y métodos de asesoramiento?

Este caso está disfrazado, pero es real y se repite con frecuencia en el ministerio pastoral. Es numeroso el caso de mujeres que se enamoran de sus pastores por diferentes razones. Y que éstas también pueden ser de gran atracción para el ministro es el testimonio de muchos pastores.

Si estos datos son verídicos, ¿qué podemos hacer para evitar tales problemas? Ése es el propósito de esta sesión.

---

4. Ibíd., págs. 93-98.

Dinámicas que obran en el pastor

Primero comience haciendo un inventario de su persona. Ninguna persona con instintos normales está exenta de las tentaciones sexuales. El salmista David es prueba de esto. Un hombre ungido por Dios que en el momento de la tentación perdió todo sentido de la moralidad y la justicia. Muchos pastores maduros han caído con mujeres y «el que cree estar firme mire y no caiga».

Como pastor, trate de fortalecer su matrimonio. La vida conyugal de muchos pastores se enfría porque le dan más atención a sus miembros que a su esposa. Esto causa que el matrimonio se torne agrio y la esposa le toma antipatía y envidia a los feligreses de la manada que pastorea. La vida sexual es afectada y el pastor lo toma como un desprecio de su esposa y se niegan el uno al otro.

Si su matrimonio es lo que debe de ser, será muy difícil para una mujer tentarle. Derrotamos a los gérmenes manteniéndonos saludables, y derrotamos el adulterio manteniendo una relación matrimonial saludable.

Su esposa no siempre comunicará su descontento, pero sí le enviará algunas señales de descontento que un esposo interesado no ignorará. Para mantener su matrimonio fuerte, entre las muchas cosas que puede hacer, sugerimos algunos consejos:

1. Póngale atención a su esposa en público sin ser demostrativo.
2. Déjele saber que la ama y aprecia sus sacrificios como la esposa de un pastor.
3. Envíele flores cuando ella menos lo espera.
4. Sea caballero con ella en todo tiempo. Ninguna esposa se mostrará cariñosa por mucho tiempo a un esposo repugnante y desconsiderado.
5. Tome un día de la semana para dedicarlo exclusivamente a su familia.
6. Prepare a su esposa para que le ayude en el ministerio de asesorar al sexo opuesto.

Dinámicas que obran en el cliente

El hecho de que un consejero pastoral sea cristiano no constituye una garantía de que nunca va a verse incitado por personas de otro sexo (o, en ciertos casos, por personas del mismo sexo). En la intimidad de la entrevista algunas personas se muestran seductoras y en extremo atraídas hacia el consejero. En el asesoramiento sucede el fenómeno de la transferencia. La transferencia es una emoción o actitud inconsciente respecto a una persona que simboliza otra figura de importancia en el pasado del paciente. La persona puede creer que usted es su padre (creando una figura de padre) o un novio que amó mucho. No es de usted de quien en realidad está enamorado, sino de una fantasía. Esto sucede en algunos casos con mujeres que perdieron a su padre cuando niñas o que tuvieron una mala relación con su padre y todavía están buscando su aprobación.

En el curso del asesoramiento usted puede averiguar si ése es el caso. Estas mujeres no son necesariamente promiscuas, pues si son cristianas estas experiencias causan para ellas mucha culpabilidad y trauma espiritual.

La transferencia también puede ocurrir en el sentido contrario (contratransferencia). Puede que usted tenga un problema o un trasfondo emocional parecido al del cliente. Por ejemplo, puede que su propio matrimonio no esté marchando bien y usted se identifica tan a fondo con el problema de la dama que termina enamorándose de ella. Sus propios problemas rompen sus barreras de defensa y usted se debilita emocionalmente y entra en una relación ilícita.

Una de las tareas más difíciles para el pastor en el asesoramiento es evitar que la asesorada se encariñe de él; y si hay predisposición emocional por parte del consejero también, la relación orientadora se arruina de una manera irreparable. Cuando usted como consejero comience a encontrarse subjetivamente complacido por la presencia de la persona a quien tiene que ayudar, será mejor que esté en guardia.

Para evitar el peligro de caer en una relación ilícita con el sexo opuesto que busca su ayuda, siga estos consejos:

1. Trate que el esposo esté presente o que tenga conocimiento cuando la persona se entrevista con usted.

2. Si el esposo es el problema y él quiere mejorar su matrimonio, tenga entrevista con los dos presentes de vez en cuando. Es difícil resolver problemas matrimoniales si los dos no están presentes.

3. Nunca asesore a una mujer a solas si usted sospecha que tiene interés en usted.

4. Tenga cuidado con la aconsejada perenne, que se tiene que asesorar después de cada servicio o con cada pastor nuevo. Le puede sugerir que hable con su esposa y verla juntos.

5. Si tiene que ir al hogar, llévese a su esposa. Un pastor no tiene que cometer un acto inmoral para arruinar su testimonio; solamente necesita ser sospechado, las lenguas sueltas se encargan del resto.

6. Trate de evadir referencias personales (por ejemplo: «Qué bonito peinado traes hoy»). Tales referencias pueden ser malinterpretadas como una sugestión romántica.

7. En ocasiones, después de una entrevista, se da el caso de que una persona asesorada diga que el pastor ha intentado iniciar relaciones íntimas físicas. Tales acusaciones son difíciles de demostrar que son falsas, ya que se trata de la palabra del consejero contra la de su visitante. Acuérdese de José y la esposa de Potifar. Una mujer despreciada puede causarle muchos problemas. Pídale a Dios que le libre de tal prueba. Cuán importante es en estos casos tener una buena reputación.

8. Algunas técnicas, tales como dejar la puerta ligeramente abierta durante la sesión, o asegurarse la presencia de otras personas en el edificio, pueden librarnos de sospecha.

9. Evite celebrar sesiones en coches o en lugares apartados.

10. Si alguna mujer le hace una proposición, acuérdese: usted necesita protección y ella necesita ayuda. No

cometa el error de decírselo a su esposo, pues esa acción podría deshacer el hogar. No se olvide, ninguna mujer coqueteará con usted si sabe que usted es un cristiano de carácter. Cristo ayudó a la mujer tomada en adulterio y a la mujer samaritana que había tenido cinco maridos, porque no las condenó y les enseñó misericordia.

El siguiente material fue extraído de una monografía de investigación escrita por Joanne Crick sobre el clero y la adicción sexual.

EL CLERO Y LA ADICCIÓN SEXUAL
(por Joanne Crick)

La adicción sexual en la sociedad moderna es un problema serio que ha sido considerado por muchos años como un tabú, especialmente en cuanto al clero se refiere. Un estudio realizado revela que el 10 por ciento de la población sufre algún tipo de adicción sexual de carácter adictivo. Debido a la gran herida que ha dejado por los escándalos producidos por los evangelistas de la televisión y de otros ministros de renombre, el problema de la adicción sexual ha adquirido una conciencia mayor para ser analizado abierta y escrutiniosamente.

En la gran mayoría de los casos, la gente pone a los ministros en un «pedestal de grandeza y moralidad», a menudo se les personifica como seres perfectos y sin falta, carentes de deseos carnales o sexuales; gente sin pecado, ya que, después de todo, son los representantes de Dios en la tierra. Con razón que los ministros tienden a suprimir las luchas con sus problemas sexuales y, en casos aún más serios, con adicciones sexuales. Por esta razón, sólo un porcentaje ínfimo del clero que adolece de esta índole de problemas busca ayuda para hacer frente y resolver esta anomalía sexual.

La mala conducta sexual entre el clero no es un problema insignificante. Un estudio realizado por la Coalición para el

Estudio de Anomalías Sexuales del Estado de Wisconsin demostró que un 11 por ciento de los perpetrantes de crímenes sexuales eran ministros; un 89 por ciento de las víctimas eran mujeres. A pesar de lo plausible y confiabilidad de las estadísticas, estos investigadores catalogan al ministro como una persona que se tiende a «desviar». Normalmente, este tipo de personas se ubica en el grupo de 40 y 50 años de edad; gente desilusionada del ministerio y de su llamado al servicio cristiano. Generalmente, éstas son personas que han descuidado su matrimonio. Se trata de personas solitarias, que se han aislado de sus colegas de ministerio, cayendo en la soledad.

La seriedad de este problema está reflejada en gran manera por la forma en que el clero muestra sus inhibiciones sexuales. En una reciente convención clérigo-pastoral, el hotel donde se alojaban los convencionistas reveló que un 75 por ciento de los cuartos ocupados por pastores tenían encendido el televisor en una película de categoría «R» o «X» (este factor numérico se compara al demostrado por otros tipos de profesionales tales como abogados, doctores, políticos y educadores). Los problemas sexuales entre el clero son paralelos a problemas similares que están ocurriendo en la población eclesiástica general. Un estudio hecho por Josh McDowell reveló que el 60 por ciento de los jóvenes recién convertidos habían tenido relaciones sexuales premaritales (otros estudios revelan que este porcentaje alcanza a casi el 80 por ciento). Nosotros estamos inundados de insinuaciones sexuales. Por ejemplo, en la televisión se muestra una escena de placer sexual por cada 40 minutos de transmisión. Estamos dominados por los bazares o tiendas para adultos, representaciones sexuales a modo de poses sexualmente atrayentes para estimular los apetitos sexuales del individuo. Por lo tanto, no debiera sorprendernos que la adicción sexual fuera un problema, inclusive entre los clérigos.

Un estudio realizado entre pastores por la revista cristiana *Christianity Today* demostró que el 12 por ciento de los entrevistados (pastores) admitieron haber tenido relaciones sexuales con otra persona además de su cónyuge desde que habían ingresado al ministerio. Un 18 por ciento admitió haber tenido otras formas de contacto sexual con otra persona aparte de su cónyuge (besos apasionados, masturbación mutua) desde que habían ingresado al ministerio cristiano. Entre aquellos que admitieron haber tenido relaciones sexuales o algún tipo de contacto sexual, el 30 por ciento admitió que fue con alguien de la congregación; un 31 por ciento señaló que fue con alguien fuera de la congregación; un 17 por ciento fue con una persona a la cual estaban dando consejería; un 8 por ciento con personas miembros de equipos ministeriales de otras iglesias, y un 5 por ciento con una persona integrante de su equipo de trabajo ministerial. Sin lugar a dudas, estas estadísticas nos muestran la gran severidad de este problema entre el ministerio de la iglesia.

Tesis: La premisa principal de esta monografía está centralizada en la idea de que muchas de las malas conductas sexuales mostradas por el clero son a menudo el resultado de un tipo variado de adicciones sexuales. Adicionalmente, también se propone que la iglesia debe tomar la responsabilidad en la identificación del problema y, a la vez, ofrecer un proceso que aplique sanidad para sobreponerse a este problema clerical. Esta monografía tendrá por objetivo: 1) definir básicamente y describir lo que es la adicción sexual prestando particularmente atención al clero; 2) bosquejar la relación que existe entre la adicción sexual y el rol o identidad pastoral; 3) describir las implicaciones bíblico-teológicas asociadas con la adicción sexual, particularmente aquellas encontradas entre el clero; 4) proponer una metodología de intervención para aquellos miembros del clero que sufran de algún tipo de adicción sexual; y 5) integrar a este estudio casos de la vida real con el fin de reflexionar acerca de los elementos antes propuestos por la estrategia de intervención terapéutica.

Definición y descripción de la adicción sexual

De acuerdo con Mark R. Laaser, la adicción sexual es «toda aquella actividad sexual repetitiva e incontrolable». Laaser explica que, de la misma manera que curre con cualquier otra adicción, el adicto ha intentado en algún punto de su desenfrenada carrera adictiva detenerse, pero en la gran mayoría de ocasiones sus intentos han sido fútiles, dejando su vida incontrolable. La actividad sexual es usada, como cualquier otro tipo de adicción, para escapar o rechazar algún sentimiento del pasado o cualquier otro problema o preocupación del presente que no ha sido evaluado ni resuelto por el individuo de una forma coherente. Como tal, la adicción sexual tiende a «dormir y tranquilizar» al individuo tal como los efectos producidos por un narcótico. Patrick Carnes, autor del libro *Más allá de las sombras* (Out of the Shadows, texto que es referido como la biblia de la adicción sexual), expone la idea de los efectos narcotranquilizantes de la adicción sexual con mucha mayor profundidad. Este autor señala que este tipo de narcotranquilizante producido por la adicción sexual es un alterador de la disposición del individuo, un sentimiento clave en la vida del adicto. El adicto sustituye una relación patológica por una relación saludable, donde se observa el progreso de la adicción por medio de etapas que alejan al individuo más y más de la realidad de sus amigos y familia.

Normalmente, esta dinámica se intensifica debido a que la familia del ministro vive, de alguna manera, aislada de la sociedad en general. La compulsión sexual representa uno de los tabús más grandes de la sociedad; para el clero la intensidad de éstos son mucho más fuertes y severos. El adicto y su familia tienen temor de hablar abiertamente acerca del problema, viviendo en un terror constante de ser descubiertos. Los adictos tienden a ser personas introvertidas, personas que guardan gran parte de sus vidas para sí, que son distraídas por el dolor aun claramente identificado o expresado. El temor al abandono y a la vergüenza son los adherentes seguros de la adicción.

El Dr. Victor B. Cline, un psicólogo clínico, proporciona una lista con los cuatro pasos que influyen en el ciclo adictivo de la pornografía. Cabe hacer notar que estos paralelos son relevantes para establecer una comparación con cualquier otro tipo de adicción sexual. Primero, existe una adicción que lleva al individuo a una búsqueda continua y reincidente por el material o acción; actitud causada por sus deseos sexuales incontrolables, que resultan difíciles de evadir para el adicto. Segundo, existe un aumento progresivo en el cual el individuo busca tener alicientes sexuales más perversos, groseros y cualquier material que produzca una estimulación sexual más fuerte. Tercero, el adicto llega a ser un individuo sin sentido moral. Lo que era inapropiado llega a ser aceptable. Cuando la persona ve o participa en este tipo de actividades una y otra vez, se vuelve moralmente insensitivo. Ellos pueden ser testigos de cosas terribles, sin embargo para ellos llegan a ser legales y aceptables. Finalmente, el individuo comienza a poner en práctica fantasías sexuales que se ha imaginado, degradando así su adicción aún mucho más.

De acuerdo al Dr. Carnes, existen muchas maneras de demostrar la adicción sexual. Este psicólogo las categoriza en tres niveles diferentes. El nivel uno encierra todas aquellas conductas que son categorizadas como normales, aceptables o tolerables. Entre éstas se incluyen la masturbación, la homosexualidad, la pornografía, los espectáculos de desnudos y la prostitución. También se pueden añadir otras subcategorías a éste, que incluye la actividad sexual con otras personas y el sexo por teléfono (llamadas telefónicas de carácter porno sexual).

El nivel dos son los comportamientos que claramente se extienden hacia aquellas conductas que son victimatizadas y penadas por la ley. Generalmente, éstas incluyen el exhibicionismo, trasvestismo y llamadas telefónicas obscenas. También se puede incluir la bestialidad.

El tercer nivel contiene las graves secuelas para las víctimas y las consecuencias penales para los adictos. Éstas incluyen el incesto, las violaciones y/o los abusos de niños.

El Dr. Carnes hace una lista de cinco puntos que son de suma importancia para entender el problema de la adicción. Cada uno de estos cinco pasos debiera ser reconocido dentro de los niveles de la adicción si se ha de proveer una evaluación correcta e imparcial. Estos pasos son los siguientes:

1. Cada nivel de la adicción sexual es muy doloroso.
2. Un comportamiento anormal o desviado no indica necesariamente la presencia de una adicción.
3. Los tres niveles de la adicción trascienden factores de personalidad, género y estatus socioeconómico.
4. Las conductas sexuales dentro y entre los niveles de la adicción se refuerzan entre sí.
5. El comportamiento sexual en cada nivel está relacionado a conductas producidas por otros tipos de adicción.

El Dr. Carnes hace una lista de cuatro puntos centrales que, según él, están relacionados con la experiencia familiar del individuo y que son claves para la deterioración de relaciones interpersonales en el adicto. Éstos son los siguientes:

1. Básicamente, yo soy una persona mala, indigna y sin valor.
2. Nadie me querría como soy.
3. Mis necesidades nunca serán satisfechas si tengo que depender de otros.
4. El sexo es lo más importante para mí.

Después de haber observado algunas características de la adicción es importante que establezcamos la diferencia entre el clero que es adicto al sexo y el clero que no lo es. Algunos, individuos (ministros) quizá hayan tenido un comportamiento sexual inhibido que más bien fue una experiencia aislada, y quizá sólo única. Es necesario decir que este tipo de comportamiento no significa adicción. Además, es necesario que el hecho de denunciar la mala conducta sexual del clero, la adicción sexual, es para decir que aquello no es pecaminoso, ni inmoral, o en algunos casos que incluyen comportamientos penados por la ley. La conducta sexual desinhibida y mala puede ser pecado y el producto del pecado personal producido por la adicción del individuo. El hecho de llamarlo adicción sexual no quiere decir que se está negando la responsabilidad del individuo en la adicción o que tampoco se quiera rechazar o dejar de lado las consecuencias producidas por la adicción sexual.

El hecho de proveer una definición de la adicción sexual no es suficiente. Uno debe tener un entendimiento claro; una razón teológica que integre un proceso de sanidad interna tanto como un plan de intervención que ayude y sostenga la sanidad del individuo.

Racional y posición teológica respecto a la adicción sexual

La sexualidad

Para sorpresa de muchos, la Biblia tiene mucho que decir acerca de la sexualidad humana. Este tema se trata en el principio de las Sagradas Escrituras, en los comienzos del libro de Génesis. Aquí, la sexualidad es un tema denominador en los recuentos de la historia de la creación, sea en Génesis 1:26, que nos muestra la creación a imagen y semejanza de Dios, y en Génesis 5:1-2, que revela a la humanidad como semejanza de Dios; aquí se presentan distintivamente en la creación del hombre y la mujer como criaturas diferentes. La primera referencia en el libro de Génesis no hace mención al hecho de que Adán haya sido sexualmente diferenciado. La diferenciación comienza cuando Dios crea a otro ser humano que sirve de compañía para el primero. Es aquí que la soledad del alma humana se satisfizo por medio de la dádiva de otra, en la cual el primero reconoce identidad, y hasta también incluye la diferenciación entre sexos, que viene a ser un elemento vital de su comunión. No es hasta que la primera pareja vuelve sus espaldas a Dios que empiezan a adquirir una connotación negativa de su sexualidad (Gn. 3:7), y el concepto encerrado en la idea y promesa de cuidado y amor se convierte en un deseo y dominación (Gn. 3:16).

La historia de Sansón metamorfosea la idea de «amor y cuidado» por «deseo y dominio» de una forma muy clara. La historia de Sansón trata acerca del deseo y el dominio, involucra mujeres y violencia, fallas o errores humanos y el perdón divino. Sansón se casa, luego pasa la noche con una prostituta y por último se enamora de Dalila. Sansón y su historia muestran la vida de un héroe trágico. Sin embargo, resulta interesante observar que existe un gran contraste entre su vida y su llamado divino, su mala conducta sexual y su destino para salvar al pueblo de Dios (muy similar al de un pastor). Aquí tenemos a un individuo que hace un mal uso de su sexualidad, de sus relaciones interpersonales y su llamado a servir a Dios. Sin embargo, por medio de la gracia de Dios, esta trágica historia no termina en destrucción. Ya en sus últimos alientos de vida, ciego y en vergüenza, y encadenado en la capital filistea de Gaza, Sansón ora a Dios. Su fuerza sobrenatural le es devuelta por un momento final, de autoconsumo, pero éste fue un momento fructífero de violencia y victoria para el pueblo de Dios (Jue. 16:30). A pesar de la debilidad y pecado de Sansón, Dios todavía lo usó y lo enlistó como uno de los héroes de la fe en el libro de Hebreos, capítulo 11.

La Biblia también nos cuenta otra gran y conmovedora historia: la historia del rey David. Aquí se presenta un drama al parecer lleno de pecados capitales o sin perdón; violencia y promiscuidad sexual por un hombre de Dios. Aquí podemos apreciar a un hombre que en un sentido puede decirse que anduvo en los caminos del Señor, que buscaba la guía de Dios y al cual el Creador le amaba y bendecía ricamente. Por otro lado, podemos ver a un hombre que cometió y cayó en numerosos pecados y faltas; comete adulterio ordenando un asesinato para poder cubrir su pecado. Sin embargo, al final de su vida David es restaurado y traído a la gracia y perdón de Dios.

La sexualidad humana es un tópico que a menudo es mal entendido en la vida cristiana. Sólo en épocas recientes la iglesia ha estado dispuesta a abrirse para discutir temas que involucran esta parte de la humanidad del hombre. De hecho, existen siete indicios que muestran un cambiio en las vistas religiosas acerca de la sexualidad que son realmente chocantes:

1. Ha habido un cambio de teologías de la sexualidad a teologías sexuales.
2. Ha habido un cambio en la interpretación de la sexualidad humana ya sea incidental o deteriorante a la experiencia de Dios hacia un entendimiento de la sexualidad como un elemento intrínseco en la experiencia humanodivina.
3. Ha habido un cambio en el entendimiento de los pecados sexuales como actos equivocados y malévolos hacia la tendencia de ver los pecados sexuales como una separación de nuestra sexualidad destinada.
4. Ha habido un cambio en el entendimiento que infiere la salvación como elemento antisexual a un conocimiento que permite saber que existe una «salvación sexual».
5. Ha habido un cambio de una ética sexual actocentralizada a una ética sexual relacional.
6. Ha habido un cambio en la idea de la iglesia como un grupo asexual a una comunidad sexual.
7. Ha habido un cambio en el entendimiento de la sexualidad como una materia privada a un tema de interés y opinión pública.

Los cristianos necesitamos darnos cuenta de que, como humanos, tenemos impulsos y necesidades sexuales. La revolución sexual ha contribuido al entendimiento de este axioma. Ahora bien, como consejero, es necesario entender qué son necesidades humanas y lo que son pecados sexuales.

El pecado

Pecado, según una definición, es: «la adicción universal del yo que se desarrolla cuando los individuos ponen sus intereses personales en el centro de su mundo personal de tal forma que los conduce a abusar de otros y de sí mismos». El pecado causa que los pecadores busquen gratificación instantánea, ser el primero o tener más de lo que ya se tiene. De acuerdo con el teólogo Unger, el pecado es «la caída o la pérdida de camino correcto». Específicamente relacionado con el punto de vista cristiano, el pecado es «todo aquello que está en la disposición, propósito y conducta de las criaturas morales de Dios que está en contra de la voluntad expresa de Dios».

Tradicionalmente ha existido una pronunciada tendencia a definir el pecado sexual como actos específicos. Por otro lado, la idea de pecado sexual como una categorización fisiológica definible, capaz y ordenada. Sin embargo, el siguiente extracto resume esta idea mucho mejor:

> Éstos eran aquellos actos particulares ya sea prohibidos por las Escrituras o contrarios a las leyes naturales; actos realizados con la persona equivocada o con un propósito equivocado… fundamentalmente, el pecado no es un acto, más bien es la condición de alejamiento o desvío del cual pueden derivar acciones comprometedoras. El pecado sexual es fundamentalmente un alejamiento de nuestra sexualidad divinamente provista. Para explicarlo aún mucho más sencillamente y también exactamente: el pecado sexual no descansa en el hecho de ser demasiado sexual, sino en el hecho de no ser lo suficientemente sexual, de la forma que Dios ha señalado para nosotros. Tal alejamiento conduce a acciones dañinas y peligrosas, pero hemos de entender que el pecado está cimentado en la condición anterior.

El perdón de Dios

La idea de justificación por la gracia significa que Dios acepta incondicional, inmerecida y radicalmente a un individuo como persona integral. Dios nos recibe como individuos totales, no parcial o condicionalmente. Sin embargo, la gracia debe ser distinguida con la misericordia. La misericordia es la compasión de Dios que mueve al Creador para proveer un Salvador para el perdido. Por otro lado, el amor incondicional es aquel plan motivador que está detrás de todo lo que Dios hace para salvar un alma del pecado y de la muerte eterna. Dios es santo y justo, y el pecado ante Dios viene a ser una ofensa total y completa. Su misericordia no puede operar en gracia hasta que exista una provisión suficiente para el pecado, la cual es la fe en el Salvador. La gracia de Dios provee la salvación, seguridad y preservación de aquel que ha sido salvo. La gracia confiere los méritos de Cristo para siempre (Ro. 5:1-2; 8:1; Col. 2:9-10); «Porque en él habita corporalmente toda la plenitud de la deidad; y vosotros estáis completos en él, quien es la cabeza de todo principado y autoridad» (Col. 2:9-10).

La santificación y la liberación

Santificación sexual significa crecer en santidad. Dios incluye en su plan de redención que la humanidad alcance un grado de pureza sexual. Éste se debe entender de la siguiente manera:

> La santificación sexual puede significar crecimiento en varias formas, tales como aceptación personal, en la capacidad de ser sensuales, en la capacidad de juego, en la difusión de lo erótico a través del cuerpo (más que en la genitalización) y en la capacidad de aceptar la posibilidad andrógena.

La interrogante entre el cristianismo y la adicción debe ser enfocada también desde un punto de vista teológico. «Todos los seres humanos tienen un deseo innato por Dios» y, en esta búsqueda de Dios, todos nosotros tratamos de reemplazar aquel deseo por Dios con otras cosas efímeras. Algunas personas suprimen este deseo cubriéndolo con muchas cosas. Sin embargo, aun este anhelo, viene a ser una apetencia por la sanidad total o por la realización personal total. No importando cómo lo describamos, éste es un anhelo por el amor de Dios. Estas ansias causan que nuestros deseos sean capturados dándonos nosotros mismos a cosas que realmente no queremos hacer. Pablo habla al respecto muy abiertamente cuando escribe a los romanos (7:15-20):

> [15] Porque lo que hago, no lo entiendo, pues no practico lo que quiero; al contrario, lo que aborrezco, eso hago. [16] Y ya que hago lo que no quiero, concuerdo con que la ley es buena. [17] De manera que ya no soy yo el que lo hace, sino el pecado que mora en mí. [18] Yo sé que en mí, a saber, en mi carne, no mora el bien. Porque el querer el bien está en mí, pero no el hacerlo. [19] Porque no hago el bien que quiero, sino al contrario, el mal que no quiero, eso practico. [20] Y si hago lo que yo no quiero, ya no lo llevo a cabo yo, sino el pecado que mora en mí.

La adicción es esta fuerza autoderrotante que nos provoca hacer cosas que no queremos hacer, tema al cual Pablo se refiere muy claramente. La adicción toma nuestros deseos y los añade a una conducta, cosa o gente específica. Estos objetos de añadiduras se convienen luego en preocupaciones y obsesiones.

La conducta y la actividad que produce este tipo de comportamiento son la responsabilidad del individuo. Los pensamientos juegan un rol importante en las adicciones; de ahí que muchas adicciones son autoinducidas y perpetuadas. Una vez que el patrón adictivo es establecido, la persona pierde la habilidad de controlar estos hábitos y llega a ser un esclavo y víctima de éstos. Ésta es la razón por la cual Pablo nos amonesta: «Porque ésta es la voluntad de Dios, vuestra santificación: que os apartéis de inmoralidad sexual; que cada uno de vosotros sepa controlar su propio cuerpo en santificación y honor» (1 Ts. 4:34).

Cuando abrimos nuestra mente y cuerpo voluntaria o involuntariamente a actos pecaminosos y fantasías malignas, nosotros también nos abrimos a la guerra espiritual y la opresión. Este argumento no es para negar el hecho que existan dimensiones químicosociales, además de psicológicas, con las cuales el individuo se deba de enfrentar. Sino que es para decir que Satanás está vivo y trabajando en la vida cristiana. El diablo usará cualquier artimaña para oprimir espiritualmente al individuo, especialmente a uno que ha sido llamado por Dios. La Palabra de Dios claramente nos enseña: «Sed sobrios y velad. Vuestro adversario, el diablo, como león rugiente, anda alrededor buscando a quien devorar» (1 P. 5:8). Nuestra batalla, en todo caso, consiste en el choque producido por las fortificaciones espirituales sobre la mente. Nosotros encontramos en 2 Corintios 10:3-5 que: «Pues aunque andamos en la carne, no militamos según la carne; porque las armas de nuestra milicia no son carnales, sino poderosas en Dios para la destrucción de fortalezas. Destruimos los argumentos y toda altivez que se levanta contra el conocimiento de Dios; llevamos cautivo todo pensamiento a la obediencia de Cristo.» Una fortaleza es como un fuerte espiritual donde Satanás y sus legiones se esconden y resguardan. Estas fortalezas existen en los patrones de pensamiento y las ideas que gobiernan a un individuo. «Una fuerza o fortaleza demoníaca es cualquier tipo de pensamiento que se exalta sobre el conocimiento de Dios, algo que da al diablo un lugar seguro de influencia en los pensamientos diarios del individuo.» La destrucción de fortalezas espirituales malignas comienza con el arrepentimiento. Durante el proceso de liberación de los espíritus que plagan la mente humana, «el arrepentimiento precede a la liberación, y la liberación en la mayoría de los casos afecta otras áreas que necesitan sanidad». Una vez que hemos destruido estas fuerzas, la defensa más grande que podamos tener en contra del diablo es mantener un corazón honesto ante Dios.

¿Cómo un hombre de Dios puede caer del servicio a Dios? Oliver McMahan graficó esto de la siguiente manera:

Figura I

RELACIÓN ENTRE LA CONDUCTA HUMANA,
LAS CREENCIAS Y LA HEREJÍA

1. Pecados personales y distorsión de relación con Dios, cambio de actitud, cambio de carácter.
2. Desarrollo privado de la herejía y compromiso.
3. Alejamiento, abuso y fragmentación fuera del cuerpo de Cristo.
4. Defensa pública y práctica herética.

McMahan demuestra que los pecados personales causan que la relación con Dios se distorsione guiando al individuo a una practica hereje, al alejamiento, al abuso, etc. Una vez que la persona llega a ser adicta al sexo, el individuo desarrollará un patrón de creencias falsas. Por lo tanto, el clero se autoconvence que sus acciones están y son justificadas.

El proceso de sanidad

Caso de estudio

Dentro del proceso curativo de la adicción se encuentran los subprocesos de la intervención, prevención y tratamiento. El proceso general de sanidad se puede describir de la siguiente manera, enfocándose en un simple pero significativo estudio de campo:

Rumercindo era un ministro ordenado de la iglesia por más de trece años. Un día, este ministro fue llamado a la oficina de su supervisor estatal y fue confrontado con una carta que contenía una detallada descripción de sus malos actos y conducta sexual con una mujer miem-

154

bro de la congregación que antes pastoreaba. En un momento, todo lo que él tenía se veía en peligro de perderse. Inicialmente, el ministro trató de evadir las acusaciones, pero no tardó demasiado en sentirse lleno de culpa y alivio de saber que finalmente todo estaba a la luz y que debía de hacer algo. En los días subsiguientes, muchas acusaciones similares y actividades parecidas a las anteriores salieron a la luz. Materiales pornográficos fueron encontrados en la oficina de la iglesia y también se supo que la tarjeta de crédito de Rumercindo estaba cargada hasta el máximo debido a la compra de películas y revistas pornográficas. Él confesó que había abusado de niñas adolescentes y de mujeres jóvenes. Él había abusado de estas personas varias veces durante un período de más de diez años. El supervisor lo relevó de toda responsabilidad eclesiástica, le instó para que buscase consejería legal y le refirió a un programa de tratamiento para adicciones sexuales. Rumercindo no debía aparecer en el servicio de adoración a realizarse el domingo. Una semana más tarde, se le pidió que sacara sus efectos personales de su oficina y se fuera sin decir una palabra a nadie. Enojado, solo y sobrecogido con vergüenza y temor, Rumercindo renunció a su pastorado. Él luchó contra la devastación que había traído sobre sí y sobre su familia.

Intervención

Cuando un consejero cristiano se ve confrontado con un posible caso de adicción sexual, como primera norma debe haber algún tipo de intervención antes que el tratamiento empiece a tomar lugar. Esta intervención incluye una confrontación y una evaluación. El rompimiento con un hábito estimulante y adictivo siempre es un proceso largo y difícil. Los casos más severos requieren de la ayuda profesional de un psiquiatra, un profesional de salud mental o un consejero especializado. ¿Cuáles son los pasos a tomar cuando se trata con ministros que sufren de adicción sexual?

Entendimiento y comprensión

Primero, es importante entender algunos de los factores que están envueltos en la vida de un ministro que está luchando en contra de cualquier tipo de adicción sexual. Los individuos que han crecido en familias con problemas (incluyendo problemáticas sexuales) son atraídos a juntarse con otros que han experimentado tales problemáticas en sus familias. Por lo tanto, los pastores impedidos a menudo reúnen feligreses impedidos. «La iglesia y sus líderes están claramente entre los afligidos, si es que no es la afligida.»

Confrontación

En el caso de Rumercindo, la sospecha de una adicción sexual condujo a una evidencia indisputable; lo que hizo de la confrontación una necesidad inexorable. Rara vez existe un 100% de certeza en las acusaciones que se traen ante un ministro, lo que hace difícil proceder a una confrontación sin una certeza real. Aquí es donde el discernimiento y la sabiduría entran en juego. Una vez que la confrontación es necesaria, existen ciertos pasos que pueden ayudar para manejar el asunto con sabiduría, y éste puede resultar en una experiencia positiva cuando se hace y maneja de una manera sana y bien pensada. Para esto se recomiendan las siguientes directrices: 1) Prepárese y ensaye lo que dirá. No se lance a confrontar este problema sin antes o posiblemente haberlo actuado con un colega que hubiera examinado sus métodos y expresión. Sea firme y manténgase dentro de lo que ha planeado. No disculpe al individuo, pero sea comprensivo. Trate de no usar palabras o términos que añadan aún más vergüenza al individuo. 2) No dé trato preferencial: usted no está allí para hacer un trato.

Adhiérase a todas las normas de protocolo establecidas que se señalen en un proceso de intervención, evaluación, disciplina y tratamiento. 3) Sea breve. Sea conciso, claro y confidente. 4) Prepárese para cualquier momento o explosión de ira: responda a este enojo, de ninguna forma sea defensivo. Permita que el individuo ventile su rabia o enojo antes de continuar la conversación. 5) Trate de permanecer en control de la situación y exprese confianza para resolver o sobrellevar el problema. 6) Anticipe simpatía y proyección: escuche, pero no permita las excusas del abuso provenientes de la congregación. No juegue a ser partidario de la congregación. 7) Utilice la relación: Si se establece un nexo entre el confrontador y el individuo que es confrontado, utilice esta estructura. Pero al mismo tiempo, afirme que usted está allí para ayudar y para pasar junto al individuo esta penosa crisis. La confrontación con Rumercindo fue exitosa y fue manejada en una forma profesional y efectiva. Cuando Rumercindo inicialmente se resistió negó la acusación, él fue confrontado firmemente con pruebas veraces acerca de su compromiso con aquel tipo de actividades adictivas. Por otro lado, Rumercindo fue encarado con la enorme desilusión que había creado; habiéndole forzado a mirar su comportamiento. Observe que tampoco se le permitió que diera explicaciones para escabullirse del asunto. También se le dio apoyo y esperanza. Rumercindo se sintió incómodo con el hecho de ser vulnerable y débil y creyó que su ser mismo estaba en peligro.

Evaluación

Una vez que la confrontación haya tomado lugar y el ministro esté dispuesto a recibir ayuda, el primer paso a seguir será evaluar el grado de adicción. Si el ministro exhibe los patrones adictivos del nivel uno, quizá éstos puedan resolverse en un tipo de consejería individual o en sesiones rutinarias. El consejero debe entender que existen diferentes niveles entre personas. Un nivel de adicción podrá ser más dominante en una persona y otro nivel más dominante en otra. Si el nivel de adicción sobrepasa el nivel uno, se recomienda que el ministro sea removido de su cargo temporalmente y sea relocalizado en una institución seria y profesional para el tratamiento de la adicción en el ministro. Si han existido actividades ilegales (abuso sexual, incesto, etc.) se deben tomar todas las medidas legales pertinentes. Además, la congregación debe recibir apoyo de una forma genuina.

Aunque sus acciones sean muy graves, el ministro debiera ser una persona que mostrase compasión, amor y comprensión, «ya que todos han pecado y están destituidos de la gloria de Dios». Añadir condenación o rechazo sólo provocará que el proceso de sanidad y reconciliación sea perturbado. El adicto ya se ha sumergido en culpa y dolor. Ahora el individuo necesita un amor incondicional y un tipo de ministerio que sólo el Espíritu Santo puede proveer. Considere lo siguiente:

> Juzgar a alguien por su condición es una justicia ingarantizable. El individuo necesita, y generalmente responde con una patética gratitud, el calor y respeto que emana de una comprensión verdadera y sincera. Debemos esta enseñanza a la revolución sexual y como consejeros debiéramos usarla en todos nuestros tratos con las desviaciones sexuales.

Rumercindo fue puesto en un riguroso programa de rehabilitación que incluía dos sesiones de consejería por semana, clases que trataban acerca de la adicción, codependencia y sistemas familiares disfuncionales o problemáticos. Eventualmente, Rumercindo llegó a participar en los grupos de terapia familiar y para casados.

Tratamiento

Una vez que el cliente ha sido confrontado y evaluado se debe implementar un tratamiento adecuado, factor que es muy importante en el proceso de rehabilitación y de sanidad. Es necesario estar familiarizado con los programas y los distintos tipos de terapia que son usados para tratar la adicción sexual.

Cuando se trata con la adicción sexual, el Dr. Carnes ha resumido los tópicos que deben ser entendidos antes que un tratamiento pueda ser efectivo. Esos puntos son peligros que son únicos y propios para el clero. Éstos incluyen: pedestalización (ministro idealizado como un símbolo, llegando a ser figuras vivenciales que no tienen problemas humanos, donde no hay espacio para los dilemas comunes de la humanidad), guardianes de la moralidad (al ministro se le requiere ser una persona moral, tanto en la vida privada como en guía espiritual), peligros ocupacionales (la posición de confianza que ejerce el clero sitúa al ministro en relaciones dependientes con aquellos que son vulnerables a la explotación; la autoridad y credibilidad de estos ministros les sirve como un manto que cubre su conducta, lo que añade un potencial de vergüenza y secreto), pobreza emocional (el servicio a otros conduce a un empobrecimiento emocional debido a la sobreextensión y a un autoagotamiento) y «el llamado» para cubrir la vergüenza (la selección de la vida religiosa como una forma de evadir o curar los problemas de la vida, lo que generalmente intensifica el problema).

Obviamente, éstos son temas complicados y difíciles de resumir en pocas líneas. Sin embargo, estos factores mencionados anteriormente sirven para señalarnos lo vulnerable que es la vida profesional del clero a una enfermedad como lo es la adicción sexual.

Esperanzas de recuperación

El tratamiento de la adicción sexual ayuda a los pacientes a reclamar su sexualidad por medio de un reenfoque de su conducta sexual. Hoy en día es posible ofrecer esperanza y un tratamiento adecuado para un adicto sexual. Durante el proceso de recuperación, el adicto sexual es conducido a través de un proceso espiritual intencionado. Este proceso pone al adicto en conexión con otros en la comunidad y de esta manera «la comunión» asegura congruencia con la identidad del individuo. Los fracasos y limitaciones del adicto son hechos dentro del contexto de seguridad producido por una comunidad llena de amor.»

Cuando describimos el tratamiento y las esperanzas de recuperación para un adicto sexual la pregunta normal surge sin ningún problema: ¿Necesita el adicto dejar el sexo por completo? Por ejemplo, en los tratamientos para alcohólicos es necesario una abstinencia total. Sin embargo, la adicción sexual es paralela a la adicción de comidas (gula). El individuo continúa la interacción con la comida y lleno de esperanzas la disfruta. Ésta es la meta a largo plazo del proceso recuperativo de la adicción sexual. El consejero guía al aconsejado a una meta a largo plazo de sexualidad saludable como una forma de integrar al individuo a una forma de vida más saludable. Usualmente, debiera existir un período de celibato para aquellos adictos sexuales que no creen que la vida es posible sin sexo o romance. Sin embargo, de hecho, ¡lo es! Ése sería un período para lidiar con algunos aspectos emocionales íntimamente arraigados mientras se lucha con la adicción en sí.

La sanidad emocional

Un pastor o consejero que lidie con algún ministro que padece de adicción sexual debe tener en claro y entender los elementos que se requieren para alcanzar la sanidad emocional del individuo. Para esto existen cinco elementos claves que, usados en conjunto o simultáneamente, tienden a producir una sanidad emocional en el adicto sexual. Éstos son: afirmar relaciones; honestidad; pensamientos correctos; el poder del Espíritu Santo, fortaleza y sabiduría; y tiempo. Inmediatamente después que el ministro haya buscado ayuda para resolver su problema en la consejería, éste debe ser confrontado con la responsabilidad de sus hechos. Un grupo de apoyo debiera ser implementado con otros individuos que estén experimentando problemas similares, preferiblemente con un pastor consejero como líder. Estos individuos debieran ser responsables los unos de los otros, orando diariamente unos por otros, buscando y cavando la raíz de los problemas y puntos en discusión. El ministro debe comprometerse a ser honesto al tratar con su problema comprometiéndose por entero a un proceso de sanidad. El ministro, sea hombre o mujer, también debe entender que la sanidad toma tiempo (tal como la adicción tomó tiempo en desarrollarse).

Planificando el tratamiento

Berkley sugiere que el consejero debiera: 1) ayudar a la persona para que traiga a la luz lo que ha estado escondido; 2) enfrentar cualquier consecuencia legal, marital o social en que esté comprometida; 3) desarrollar un plan preliminar para romper el hábito; y 4) trabajar hacia la producción de cambios fundamentales en la actitud del individuo. Al incorporar estos planes de tratamiento, sería también beneficioso utilizar la teoría de sistemas como proposición conceptual del tratamiento. Esto es beneficioso, ya que este sistema usa un modelo integrativo y de crecimiento versus el modelo «enfermedad». La teoría de sistemas también permite un acercamiento más orgánico al tratamiento.

Otro tratamiento es aquel denominado *El programa de los doce pasos* (Twelve Step Program), que es usado por varias organizaciones, tales como (estos grupos de apoyo existen en los Estados Unidos): Sex Addicts Anonymous, Sexaholics Anonymous, S-Anon, Sex and Love Addict Anonymous y COSA (Codependents of Sex Addicts). El programa de los doce pasos incluye lo siguiente:

- Admitimos que no tenemos poder sobre nuestra conducta sexual compulsiva y que nuestras vidas se han tornado incontrolables.
- Hemos llegado a la conclusión de creer en un Poder supe-

161

rior a nosotros mismos que puede restaurarnos a la sanidad y cordura.

- Hemos hecho una decisión de entregar nuestras vidas y nuestra voluntad al cuidado de Dios, de la manera como entendemos a Dios.
- Hemos hecho un inventario detallado y sin temor de nosotros mismos.
- Hemos admitido a Dios, a nosotros y a otros seres humanos la naturaleza exacta de nuestras equivocaciones.
- Estamos totalmente dispuestos a que Dios remueva estos defectos de nuestro carácter.
- Hemos pedido humildemente a Dios que remueva nuestras faltas.
- Hemos hecho una lista de todas las personas a las cuales hemos hecho daño, disponiéndonos para hacer cualquier enmienda necesaria a todas éstas.
- Hacer enmiendas directamente a todas estas personas cuando sea posible, excepto cuando al hacerlo les hiera o les haga daño.
- Continuar realizando un inventario personal detallado, y cuando encontremos algún mal rápidamente admitirlo.
- Buscar por medio de la oración y la meditación un mejor contacto y conciencia de Dios, así como entendemos a Dios. Orar no sólo por el conocimiento de la voluntad de Dios para nosotros, sino para también tener el poder para llevarla a cabo.
- Luego de haber tenido un despertar espiritual como resultado de estos pasos tomados, nosotros tratamos de llevar este mensaje a otros adictos sexuales y practicar estos principios en nuestras vidas.

Éstos son varios factores favorables que se pueden extraer de aquellos que han encontrado el camino del éxito en este programa. Sin embargo, ¿ha de verse el individuo como un adicto sexual por el resto de su vida? ¿De dónde sale esta idea de la sanidad? Nosotros, como cristianos, ¿creemos que Dios

162

puede libertarnos y sanarnos completamente? ¿No pone esto una marca en la persona para que el individuo siga fracasando en la vida? La meta debiera ser la libertad de la enfermedad. Además, este programa nos ofrece lo que la iglesia debiera de ofrecer, una intimidad, un compartir, un sentir de pertenecer a una comunidad de almas similares. La respuesta para el ministerio yacería en un programa de responsabilidad moral con otros pastores locales, como se ha discutido anteriormente.

Esto fue importante para Rumercindo. Él tuvo varios grupos que lo ayudaron: su grupo de apoyo, sus pastores amigos, los oficiales de su iglesia y su familia. Aunque estos grupos tuvieron gran influencia, Rumercindo fue forzado a dejar de echar la culpa a los demás (víctimas). Él aprendió a ya no más identificar sus abusos sexuales como «errores de juicio» o «malos entendidos, gestos inocentes de amor y cariño». Él continuamente observó sus motivos hasta que vio la conducta como un acto deliberado de violencia motivada por su egoísmo y el deseo de controlar, herir y de vengarse de todos aquellos que lo habían herido en el pasado.

Además, Rumercindo aprendió que, aunque pasó por estas vicisitudes, él fue capaz de sobrevivir y capaz de resistir el aislamiento que una vez fue tan predominante en su vida, reemplazándolo con relaciones significativas. Un componente importante en la sanidad de Rumercindo fue el hecho de que los oficiales de su iglesia le prestaron apoyo y ayuda. Aunque su pastor asociado y la mayoría de los líderes en su congregación le abandonaron, Rumercindo no fue abandonado por la iglesia. Otros pastores locales estuvieron dispuestos a estar junto a él y llegar a ser sus primeros amigos, primeros pastores amigos. El supervisor y su personal también le ofrecieron una mano de compañerismo y amistad, dándole consejos y orando por él. Mientras que la iglesia no aceptó la conducta indebida de Rumercindo, ellos le ofrecieron honestidad, respeto y preocupación. Además, ellos ofrecieron consejería a las víctimas y a la congregación como parte del proceso de sanidad.

Hay áreas claves que forman parte integral de la formación espiritual del individuo las cuales sirven como medidas preventivas: motivación, educación y desarrollo espiritual. Cada una de éstas permite una oportunidad de integrar la prevención como una rutina que forme parte de una preparación espiritual. La formación espiritual presiona al individuo para que busque sus motivaciones en la vida religiosa y, como parte de este examen inicial, el adicto debe expandir su conciencia para poder encarar las realidades acerca de lo que ellos puedan estar tratando de escapar o de las cosas a las cuales se están aferrando. Cada persona debiera pasar a través de un proceso que construya su historia sexual como si ésta hubiera impactado su desarrollo espiritual; ellos debieran examinar la forma en que la iglesia y las experiencias espirituales han afectado su desarrollo sexual y, finalmente, examinar la posibilidad de cualquier abuso sexual en sus vidas (si lo hubo, ¿cuál fue el impacto que produjo en sus vidas?).

En la actualidad, Rumercindo está envuelto en el proceso de la educación. Él conduce seminarios y talleres de entrenamiento que incorporan un entrenamiento básico acerca de la salud mental y la adicción en su proceso de formación primaria. Este plan educativo expone un modelo para una sexualidad saludable. No se trata de moralidad, sino de un funcionamiento sexual saludable (incluyendo la expresión espiritual). En lo que se refiere al desarrollo espiritual, la adicción sexual debiera ser usada como un modelo de vida que contrasta totalmente con el de la vida espiritual.

Los resultados de la adicción sexual son devastadores, para lo cual se deben y se pueden tomar medidas que prevengan el desarrollo de la adicción. A nivel nacional y local se pueden tomar medidas para prevenir la disponibilidad de materiales pornográficos y obscenos. La responsabilidad de encauzar la corriente descansa en los padres de familia, en los oficiales civiles, los educadores, en el clero y en los medios de comunicación. Para combatir este problema se debiera contactar con las siguientes agencias: Focus on the Family (tiene películas que muestran y explican el problema del sexo en los Estados Unidos), Public Utility Commissions (para proveer 976 restricciones de llamado), The Postal Service (para recibir instrucciones para denunciar legalmente a los que se dedican a la pornografía), The U.S. Department of Justice (para saber de seminarios que enseñen acerca de las penas legales en contra de la obscenidad). Cartas y llamadas telefónicas a los oficiales del condado y estatales debieran urgirles para que introdujeran programas agresivos que parasen las operaciones ilegales de negocios relacionados con el sexo. Apoyar a los candidatos políticos que se oponen a los «negocios para adultos» o tiendas del sexo. Haga reclamos por escrito y verbales en contra del transporte por correo de materiales pornográficos. Apoye al personal que mantiene la ley y el orden para que aplique todo el valor de la ley en contra de los ofensores de crímenes sexuales. Opóngase abiertamente a los medios de comunicación, sean privados o comerciales, que muestren programas de carácter seductivo, productos y publicidad. Y, finalmente, «boicotee» cualquier establecimiento comercial que venda materiales pornográficos.

Rumercindo debió haber tenido un sistema de apoyo dentro de la iglesia en general (con otros pastores, líderes, etc.), quienes se podrían haber reunido para orar y para mantenerse responsables unos con otros. Los elementos de sanidad dentro del grupo incluyen honestidad, responsabilidad unos con otros, la guianza del Espíritu Santo, tiempo y el desarrollo de un pensamiento correcto, bueno o apropiado.

El clero debe seguir lineamientos o directrices claros para guardar su pureza sexual. De hecho, éste debe vigilar su pulso espiritual manteniendo sus devociones diarias, la oración y los momentos de reflexión. El clero debe guardar y cuidar su matrimonio por medio de una comunicación honesta, de seminarios y talleres que enriquezcan y ayuden la relación matrimonial. Los ministros deben rodearse de recuerdos de su familia cuando viajen o estén trabajando. Finalmente, todo ministro debe estar bien informado de los resultados que produce la infidelidad (vea «Las consecuencias provocadas por una caída moral» más adelante).

Nosotros podemos prevenir la tentación reduciendo los suministros de la misma. Los materiales sexuales estimulantes, sean libros, vídeos y programas de televisión que sean provocativos, no tienen arte ni parte en el hogar cristiano. Los cristianos podrán ser acusados o tildados de ser conservadores, sin embargo, si nosotros tuviéramos la moral de los años 40 o 50, algunas de las enfermedades y perversiones que se encuentran dentro de la iglesia pudieran haberse evitado. Pero la realidad es distinta; la adicción sexual siempre ha estado en la iglesia. La Biblia nos da un sinnúmero de historias que tratan acerca de la perversión sexual y el pecado de algunos de sus protagonistas. Simplemente, necesitamos estar preparados para encarar la adicción sexual con una respuesta bíblica sana y eficaz.

Conclusión

El caso de Rumercindo termina feliz a pesar del dolor que sufrió, y terminó de esta forma ya que se tomaron las medidas necesarias y apropiadas para lidiar con aquella situación de una forma saludable. La iglesia confrontó a Rumercindo, le ayudó y le ofreció un programa de rehabilitación; ayudó a su familia y a su iglesia, prestó ayuda a las víctimas y le proporcionó un sistema de apoyo, al cual prestará responsabilidad por sus actos; sistema que permaneció junto a él y en oración constante por él.

La iglesia debe desarrollar un proceso adecuado para lidiar con la adicción dentro del clero. Muchas vidas son afectadas por este pecado. Solamente por medio de la incorporación de un sistema que trate con esta crisis seremos capaces de ofrecer un proceso de sanidad y rehabilitación para aquel ministro en dolor, para su familia y para la iglesia local y en general.

Así como este estudio ha ilustrado, la adicción sexual es un tema de gran seriedad entre el clero. La iglesia debe mirar más allá de los estigmas que la sociedad haya puesto sobre este gran dilema humano, para desarrollar un proceso que produzca la sanidad y restauración de los afectados. Cuando tomamos las medidas bíblicas y ministramos según lo que la Biblia nos enseña, la mala conducta sexual del ministro disminuirá y el potencial de desarrollo de la adicción sexual entre el ministerio será reducido.

Las consecuencias provocadas por una caída moral

Siempre que me siento particularmente vulnerable a la tentación sexual, encuentro muy importante y de ayuda el hecho de recordar los efectos que mi acción podría tener:

- Sentiría la pérdida del Señor que me redimió.
- Ensuciaría su Santo nombre en lo más bajo del lodo cenagoso del pecado.
- Tendría que mirar a Jesús cara a cara y dar cuenta de mis actos.
- Seguiría el ejemplo de estas personas cuya inmoralidad inhabilitó sus ministerios y causó gran conmoción en mi vida.
- Infligir un gran dolor en la vida de mi mejor amiga(o) y leal esposa(o).
- Perdería el respeto y la confianza de mi esposa(o).
- Heriría a mis amados hijos.
- Destruiría mi ejemplo de credibilidad para con mis hijos y haría nulos mis esfuerzos presentes y futuros para enseñarles que obedezcan a Dios (¿para qué escuchar a un hombre que engañó a mamá y a nosotros?).
- Si mi ceguera hubiera de continuar o mi esposa(o) fuera incapaz de perdonarme, quizá perdería a mi esposa(o) y a mis hijos para siempre.
- Causaría vergüenza para mi familia (¿por qué papá no es pastor ahora?)

- Perdería el respeto por mí.
- Se crearía una pesada capa de culpabilidad que sería bien difícil de remover.
- Aunque Dios fuera capaz de perdonarme, ¿me perdonaría yo a mí mismo?
- Se formarían memorias y recuentos instantáneos en mi mente que plagarían una intimidad futura con mi esposa(o).
- Se perderían años de entrenamiento ministerial y de experiencias ganadas a través de los años. Quizá se perderían permanentemente.
- Inhabilitaría el efecto producido por los años de testimonio cristiano que di a mi padre, reforzando así su desconfianza en los predicadores, cosa que había empezado a disiparse de su corazón debido a mi ejemplo cristiano.
- Sin embargo, debido a mi inmoralidad, el corazón de mi padre se tornaría más duro que nunca.
- Desharía el arduo trabajo y ejemplo de otros líderes cristianos en nuestra comunidad y vecindario.
- Traería placer a Satanás, el enemigo de Dios y de todo lo que es bueno.
- Traería duro juicio sobre la persona con la cual hubiese cometido adulterio.
- Posiblemente traería las consecuencias de las enfermedades infecciosas tales como gonorrea, sífilis, herpes y sida; quizá podría inclusive infectar a mi esposa(o), en caso del sida, y causarle la muerte.
- Traería vergüenza y dolor a mis compañeros de ministerio y ancianos en el Señor.
- Causaría vergüenza y dolor en aquellos amigos que he conducido a Cristo y a los cuales he discipulado.
- Significaría la vergüenza para el resto de mi vida.

Los moribundos y la muerte

En los últimos días la psicología ha estado concentrándose en las personas con enfermedades terminales y sus familiares.

Se ha descubierto que las personas que reciben la noticia de que les quedan pocos días de vida pasan por cinco etapas emocionales.

Primera etapa: Negación

La primera reacción del paciente terminal es: «¡No, no yo, no puede ser verdad!» La negación es usualmente una defensa temporaria y pronto será reemplazada por aceptación parcial.

Segunda etapa: Ira – enojo

Cuando la primera etapa de negación no se puede contener más, es reemplazada por un sentimiento de ira, furia, envidia y resentimiento. La próxima pregunta lógica es: «¿Por qué yo?» La persona irritada vacía todo. Es importante ser tolerante con ella. La ira pasará y dará entrada a otra etapa.

Tercera etapa: Negociar – regatear

El negociar es un intento de proponer: «Yo he sido bueno, permítame vivir hasta que se case mi hijo.» Un ejemplo de esto en la Biblia es el rey Ezequías. Dios le avisó por Isaías: «Ordena tu casa porque morirás…» Él oró y lloró delante de Dios pidiéndole clemencia y Dios le añadió 15 años más de vida (Is. 38:1-5).

Cuarta etapa: Depresión

La persona entra ahora en un período de «angustia preparatoria»; se prepara para la llegada de la muerte. Está más callada y no quiere visitas. Se la debe dejar quieta en esta etapa.

Quinta etapa: Aceptación

En esta etapa la persona ha llegado a un estado en el cual no está ni airada ni deprimida por su condición. Acepta su condición, alcanza un estado de paz. Los que más necesitan ayuda ahora son los familiares.[5]

Para los cristianos que creen en la sanidad divina, llegar a la etapa de aceptación es más dificultoso, porque viven esperando un milagro. El pastor debe tener cuidado de no ofrecer falsas esperanzas, pero sí asegurarse de que la persona está lista para encontrarse con Dios. Dios puede hacer el milagro, pero si es su voluntad llevarse a la persona es necesario asegurarle al paciente que «ni la muerte nos puede separar del amor de Dios».

La falta de fe

Ésta es la condición de la persona que tiene un aparente deseo de conocer a Dios de modo personal y de obtener paz en su corazón y su mente, pero algo parece impedirle poner su fe en Dios. Este individuo puede hacer un esfuerzo hacia Dios, pero nunca parece lograr el contacto vital.

1. La falta de fe puede ser resultado de no buscar a Dios de acuerdo con la Biblia. La persona puede desear tener fe en Dios, pero no de acuerdo con las enseñanzas de la Palabra de Dios (Ro. 10:17).

2. Un concepto distorsionado de la Biblia, tanto como ignorar la Palabra de Dios, puede impedir que la persona tenga fe en Dios. Decide aceptar sólo lo que atraiga su fantasía y rechazar lo demás.

3. La incredulidad y el escepticismo manifiesto en cuanto a las Escrituras como es lo más natural, producen la falta de fe.

4. No solamente hay causas espirituales en la falta de fe, sino también una cantidad de causas emocionales y psi-

---

5. Elizabeth Vubler Ross, *On Death and Dying* (New York, Macmillan Pub. Co., 1969), págs. 38, 50, 82, 112.

cológicas que influyen en que la persona sea incapaz de aferrarse a Dios mediante la fe.

a) Sentimiento de indignidad.
b) Sentimiento de orgullo.
c) Depresión o frecuentes períodos de desaliento.
d) La culpa y el pecado no resuelto en la vida de una persona.
e) La persona que ha sido víctima de muchos rechazos.

En estos casos el orientador necesita confiar plenamente en la Biblia, por cuanto es ella quien conduce la persona a la fe; «… las Sagradas Escrituras, las cuales te pueden hacer sabio para la salvación por la fe que es en Cristo Jesús» (2 Ti. 3:15).[6]

Masturbación

La masturbación consiste en estimularse a solas los órganos sexuales hasta producirse el orgasmo. Contrario a cierta creencia popular, la masturbación no produce enfermedad mental ni otra serie de síntomas que se le atribuyen.

Pero los tabúes culturales y sociales pueden provocar sentimientos de culpa y ansiedad que amenazan el equilibrio emocional. Algunos individuos: niños, adolescentes o adultos, se entregan a la masturbación excesiva casi compulsivamente. Cuando esto sucede, puede ser síntoma de algún trastorno emocional.

El autoestímulo ocasional de los órganos genitales durante la niñez y la masturbación durante la adolescencia son comunes. Toda persona pasa por períodos de experimentación sexual en los cuales puede practicar la masturbación.

Cuando un niño se masturba compulsivamente suele haber algún trastorno oculto que provoca esa conducta. Cuando los

---

6. Clyde M. Narramore, op. cit., págs. 85-87.

jóvenes entran en la edad adulta y continúan masturbándose excesivamente en vez de tener una conducta heterosexual normal, esto suele ser indicio de desajuste.

La orientación del masturbador excesivo debe dirigirse hacia la comprensión de los factores básicos que han provocado esta clase de conducta. Decir sencillamente a la persona que se masturba a menudo que el hábito es malo y pecaminoso no es la solución. La educación sexual es otra consideración importante al orientar al masturbador excesivo. Estas personas pueden tener diversos errores en conceptos respecto a funciones sexuales.

En el caso de la persona casada que se masturba, el orientador debe de considerar: 1) la totalidad del ajuste de la personalidad del paciente; 2) las actitudes y ajustes de su cónyuge, y 3) los factores sexuales específicos en el matrimonio.[7]

Madres solteras

En la mayoría de las sociedades modernas el número de madres solteras va creciendo mucho más que el aumento de población. El problema de los nacimientos fuera del matrimonio afecta a la madre, al padre y al hijo mismo. Todo el mundo desea amar y ser amado. Si la joven no recibe de sus padres la atención y aceptación, puede que busque afecto mediante relaciones ilícitas. La presión social y el deseo de ser aceptada por sus iguales puede ser tan fuerte que la joven se entregue a relaciones sexuales para obtener la aprobación ajena.

El deseo de explorar y experimentar puede llevar a la joven a participar y experimentar de relaciones premaritales. Otras jóvenes son víctimas de violación y crueldad. En esos casos los efectos traumáticos suelen ser evidentes.

A sabiendas o no, la joven soltera puede tratar de castigar

---

7. Ibíd., págs. 130-132.

a sus padres haciendo algo para herirlos. Una joven puede tener un deseo tan grande de casarse que, deliberadamente, trate de quedar embarazada. Las jóvenes a veces confiesan que mediante su embarazo tratan de retener a su novio y obligarlo a casarse. A las madres solteras suele tratárseles a la ligera y sin buen planteamiento. Suele darse más énfasis al secreto y hasta al engaño que a la consideración.

El orientador puede ayudar a los padres de la madre soltera en su papel paterno. La deshonra de la joven no es motivo para dejar de amarla y guiarla. La palabra de Dios enseña: «Hermanos, si alguno fuera sorprendido en alguna falta, vosotros que sois espirituales, restauradle con espíritu de mansedumbre, considerándote a ti mismo, no sea que tú también seas tentado» (Gálatas 6:1).

Es esencial mirar más allá del embarazo y comprender a la persona para que se pueda brindar genuina atención y consejo a la madre soltera. El orientador se puede hacer las siguientes preguntas:

1. ¿Qué grado de inteligencia tiene esta joven?
2. ¿Qué capacidad tiene?
3. ¿Cuáles son sus intereses?
4. ¿Cuáles son sus actitudes respecto a la educación?
5. ¿Cómo puede ayudársela a desarrollar su potencial?
6. ¿Qué clase de trabajo sería apropiado para ella dentro de 5, 10 o 20 años?

Al orientar a las madres solteras se han de tener en mente las normas siguientes:

1. Ayudar para que la joven se enfrente a sus sentimientos de culpa.
2. Ayudar para que la joven trace planes y cuide su hijo.
3. Considerar la posibilidad de matrimonio.[8]

---

8. Ibíd., págs. 125-129.

Suicidio

La gravedad del suicidio varía desde la amenaza de matarse para atraer la atención, hasta el intento suicida casi consumado. Ya sea que la persona se limite a la amenaza o lo ponga por obra, ello es indicio de trastorno emocional.

Algunos individuos amenazan matarse para atraerse simpatía y atención. Cuando esto ocurre indica que la persona está descontenta de la vida y se siente rechazada e indigna. Los factores básicos ocultos en los pensamientos suicidas giran en torno a sentimientos depresivos y descontento con la vida. El individuo deprimido es una persona agobiada por la culpa, con la sensación de merecer castigo por sus maldades.

Los factores espirituales y la filosofía de la vida que el individuo tenga son importantes en muchos intentos suicidas. Quien no conoce a Cristo como su Salvador no posee una perspectiva correcta de la vida. Esto no quiere decir que los cristianos están exentos de pensamientos suicidas. Las cicatrices emocionales que traen de la niñez pueden ser profundas y no estar resueltas. Por consiguiente, puede que un cristiano dude si vale la pena vivir. Naturalmente, ese individuo necesita terapia.

Además de las consideraciones comunes a la orientación de los deprimidos, hay factores especiales que deben incluirse al tratar con el suicida potencial. A la persona deprimida no debe dejársela sola durante varios períodos, para que no se suma en sus sentimientos de desaliento y desesperación.

Comprender bien la Palabra de Dios tiene también importancia básica para mejorar las actitudes y reacciones emocionales del individuo. Dada su depresión, el suicida potencial suele considerar la vida como mala, amenazante y sin sentido. Puede juzgar que el mundo anda tan mal que no vale la pena luchar más. En estos casos, la perspectiva bíblica del mal reinante en los postreros tiempos, al mismo tiempo que la presencia de Dios con el creyente, son puntos que deben discutirse con el paciente.[9]

---

9. Ibíd., págs. 200-202.

La dinámica de la familia

La importancia de la familia

La familia influye en la formación, el desarrollo y la conducta del individuo para bien o para mal. Max Jukes no creía en los valores cristianos y se casó con una mujer de la misma mentalidad. De esta familia salieron 1.026 descendientes.

300 murieron prematuros
100 fueron a la cárcel por un promedio de 13 años
190 practicaron y vivieron la prostitución
100 salieron alcohólicos

El estado de Nueva York gastó 6.000.000 de dólares en esta familia.

Jonatán Edwards y su esposa fueron fieles cristianos. Un estudio de 729 de sus descendientes fue hecho:

300 llegaron a ser predicadores, maestros y líderes
65 llegaron a ser presidentes de universidades
16 escribieron libros
3 llegaron a ser congresistas
1 llegó a ser vicepresidente de los Estados Unidos

I. *Una base teológica para las relaciones familiares*

La relación entre Dios y los hijos de Israel ha probado ser el modelo más fructífero para desarrollar una teología de la familia. Ha sido propuesta una teología de relaciones familiares que contiene cuatro etapas: convenio, gracia, dar poder e intimidad.

A. Convenio: amar y ser amado

  1. El aspecto principal del convenio es que es un cometido incondicional que es demostrado mayormente por Dios en su rol como Padre.
    a) Adán y Eva (Gn. 3:15).
    b) Noé y sus descendientes.
    c) Abraham (Gn. 15:18; 17:1-5).

- La oferta de Dios no fue contractual.
- Fue un convenio eterno que se cumpliría en Cristo
- Aunque el convenio no era condicional, los beneficios y bendiciones que proveía lo eran potencialmente.

d) El convenio se extendía también a sus familiares.

2. El amor de Dios es incondicional como el amor por nuestros hijos.

3. En el N.T.: «Y a tu casa…» (Hch. 16:16).

B. Gracia: para perdonar y ser perdonado

1. El convenio por su propia naturaleza es gracia.

2. Las relaciones familiares, según fueron diseñadas por Dios, son para vivirse en una atmósfera de gracia y no de ley.

3. Los miembros de la familia que viven bajo la gracia aceptarán la ley en forma de patrones, orden y responsabilidad en las relaciones; tiene que haber ley y orden.

4. La ley tiene que ser empatada con un espíritu de perdón y comprensión.

C. Dar poder: servir y ser servido

1. El dar poder es un modelo bíblico para el uso de poder de una forma completamente contraria al uso común del poder en la familia y en la sociedad.

2. El dar poder es un proceso intencional para ayudar a la persona a adquirir poder. La persona que recibe el poder ha sido autorizada por un acto animador de la otra persona.

3. Cristo vino a dar poder, «para que tengan vida…» (Jn. 10:10; 1ª Jn. 5:12).

4. Jesús nos animó a usar nuestro poder para ayudar a otros.

5. Pablo enseña que el verdadero amor da poder (1 Co. 13).

D. Intimidad: conocerse y ser conocido

1. Antes de la caída, Adán y Eva estaban desnudos delante de sí mismos y no sentían vergüenza (Gn. 2:25).

2. La vergüenza sale del temor de ser conocido íntimamente; y cuando la vergüenza está presente, los miembros de la familia se ponen máscaras y comienzan a usar roles deceptivos los unos con los otros.
3. En la intimidad se hace un esfuerzo concentrado por cada persona para escuchar, comprender y desear lo que es mejor para el otro.
4. El amor de convenio significa aceptar la diferencia y unicidad de cada miembro de la familia.
5. Jesús a Pedro: «Me amas...» (Jn. 21:15-17).

II. *La familia como un sistema en desarrollo*

La teoría del desarrollo de la familia ve a la familia desarrollándose por medio de etapas de ciclos de vidas naturales. En cada etapa hay ciertas claves de tareas de desarrollo que la familia tiene que alcanzar para poder llegar a las otras etapas. Según el grado que la familia y cada miembro individual alcancen en la tarea, podrá la familia moverse hacia la otra etapa de desarrollo.

Algunas tareas de desarrollo tienen que ser amaestradas en una etapa específica y no en la otra. Por ejemplo, en el primer año del matrimonio es necesario que la pareja aprenda la tarea de establecer el hogar. Sin embargo, la comunicación interpersonal es una habilidad que se usará durante todos los ciclos de la vida.

Lo que determina una crisis dentro de la familia: 1) los sufrimientos de la situación o el evento mismo; 2) los recursos de la familia: su estructura de roles, su flexibilidad e historia previa con las crisis; 3) la definición que la familia le da al evento, esto es, si los miembros tratan el evento como si fuera una amenaza a su estado, metas u objetivos.

A. Etapas de ciclos de la familia

La familia es un organismo de cambio. Los individuos dentro de la familia cambian según van creciendo y envejeciendo. Los cambios que suceden en la historia de la familia pueden ser estudiados desde cinco ciclos. El formato del ciclo de la vida provee una de las formas más prácticas y efectivas para ayudar a las gentes a tener una comprensión ligera de la familia como una unidad.

Ciclo 1: Formando la familia

Tareas:
1. Dejar a los padres para formar un hogar.
2. Un cambio de lealtad y de identidad de rol.
3. La meta de este proceso de toda la vida es definición personal. Cuando dos personas se casan, traen con ellos memorias y experiencias de sus previas familias. El comentario «Hay seis en la cama matrimonial» es una forma de decir que cada cónyuge trae su padre y su madre.

Dialéctica:
1. Aprender a vivir juntos y separados a la misma vez en la familia es la dialéctica principal que la pareja tiene que internalizar en el primer ciclo.
2. La familia que provee un contexto estable para crecimiento y cambio está gobernada con un balance de intimidad y distancia, entre estar juntos o estar separados.
3. Los padres sirven como modelos de rol, esto es importante porque cuando se casen los hijos actuarán como sus padres.
4. «Estén sujetos los unos a los otros» (Ef. 5:21), es el proceso para llegar a ser uno en el matrimonio.
5. Aprendiendo los roles (papeles) de cada miembro de la familia.

Impedimentos:
La siguiente lista comienza a identificar lo que puede impedir el proceso de dejar y unirse que es tan necesario para formar una familia.
1. Padres que no pueden soltar a sus hijos.
2. Personas que piensan que sus padres los necesitan.
3. Un embarazo muy temprano los echa al rol de padres y distrae la atención y la energía para la unión marital.

4. La promiscuidad sexual y la necesidad de una educación universitaria están causando que los hijos se queden en el hogar por más tiempo.

Oportunidades pastorales:

1. Se debe tratar con estas áreas durante el asesoramiento premarital.
   a) Clarificar la relación de cada persona en su familia de origen. Explore la historia de cada familia.
   b) Enseñarle a la pareja cómo puede llegar a ser una sola carne sin perder su propia identidad.
   c) Explorar con la pareja los roles que planea tener en la familia.
2. Visite la pareja algunos meses después de la boda.

Ciclo 2: Ampliando la familia

Tareas:

1. La tarea principal en el segundo ciclo es hacer espacio y tiempo en la familia para la llegada y nutrición de hijos para asegurar el futuro de las próximas generaciones.
2. Por medio de los hijos Dios continúa su creación.
3. Los padres necesitan ofrecerle a cada hijo un ambiente seguro y espiritual.

Dialéctica:

1. Vea el capítulo 1 sobre «La peregrinación del alma».
2. Vea el capítulo 3 sobre «El desarrollo de la personalidad».
3. El orden de nacimiento (lea más adelante el artículo «Su lugar cronológico en la familia»).

Impedimentos:

1. Cuando se espera que los hijos llenen un vacío emocional en el matrimonio.
2. Padres que fueron criados en familias disfuncionales.
3. Prácticas de criar hijos anormales.
4. Cuando el criar hijos interfiere con aspiraciones vocacionales.

Oportunidades pastorales:
1. El pastor debe de hacer contacto cuando nacen los niños, y con especialidad si el parto fue con problemas.
2. Durante la dedicación de los hijos, cumpleaños y bautismos.

Ciclo 3: Ensanchando la familia

Tareas:
1. Criando hijos adolescentes.
2. Experimentando las crisis de la edad media.
3. Para los padres y los hijos es un tiempo de descubrimiento personal.
4. Abrir los canales de comunicación; permitir libertad para la expresión.

Dialéctica:
1. Aprenda a ayudar a los adolescentes en conflictos.
   a) Cuatro cualidades presentes en los adolescentes: idealismo, cambio de estado de espíritu, inmediatez (vivir para el presente), espontaneidad (actúan de acuerdo a sus sentimientos).
   b) Señales de depresión: los patrones de dormir cambian significativamente, las notas de clase se deterioran, mal vestidos, tienen más accidentes de lo normal, persiste un estado de depresión, evidencia del uso de droga o alcohol, señales de suicidio.
   c) Lo que pueden hacer los padres: no caiga en un pánico ni sobrerreaccione, hable con otros adultos de los cambios que ha observado, sea más observador y escuche más cuidadosamente; cuando esté seguro que existe un problema haga una pregunta directa, evite afirmar sentidos negativos, remueva lo que pueda causar problemas (malos amigos, pistolas, navajas, etc.), edúquese en los problemas de la adolescencia, busque ayuda profesional si es necesario.
   d) Enseñe la interdependencia.

180

Impedimentos:

1. Familias donde las reglas son rígidas y escondidas no podrán proveer la libertad necesaria para el crecimiento en autonomía.
2. Cuando la familia se torna hacia adentro y se vuelve un refugio del mundo.
3. Cuando las relaciones familiares son demasiado abiertas o muy permisivas.

Oportunidades pastorales:

1. A la adolescencia se le llama el período de Jonatán y David (2 S. 18:1-3).
2. La iglesia debe de ser un puente para ayudar a los jóvenes a entrar al mundo de los adultos.
3. Desafíe a la familia al servicio cristiano.

Ciclo 4: Extendiendo la familia

Tareas:

1. Durante este ciclo los hijos dejan el hogar y nuevos miembros son añadidos a la familia de sus matrimonios.
2. Aprender los cambios psicológicos de su compañero/a.
3. Ajustarse a sus padres envejecidos.

Dialéctica:

1. Los padres tienen que aprender cómo soltar a sus hijos física y emocionalmente.
2. Tiene que aprender a vivir en un nido vacío.

Impedimentos:

1. Padres que han estado demasiado envueltos en las vidas de sus hijos querrán seguir sobreenvueltos después que se vayan.
2. Parejas que no atendieron sus relaciones maritales, descubrirán en un nido vacío que son extraños.
3. La menopausia y otros cambios de vida pueden causar peligro en el matrimonio.
4. Cómo cuidar de sus padres ancianos.

Oportunidades pastorales:
1. Tener una entrevista premarital, con la pareja y sus padres, enfocada a descubrir la tradición de la familia.
2. Ayudar a los padres durante el dolor de la separación de sus hijos.

Ciclo 5: Re-formando la familia

Tareas:
1. La pareja debe de aprender a restablecer sus relaciones sin tener que preocuparse en las tareas de criar los hijos.
2. La pareja debe de aprender a usar su tiempo libre debido al retiro del trabajo.

Dialéctica:
La reformulación de la familia es también un proceso que envuelve recordar el pasado y anticipar el futuro.

Impedimentos:
1. Hijos que no se van, o que se van y regresan, impedirán a los padres reformar los lazos matrimoniales.
2. Si ambos cónyuges están envueltos en vocaciones demandantes, no tendrán el tiempo para reformar.

Oportunidades pastorales:
1. Use el talento de sus miembros retirados del trabajo.
2. Tome ventaja de los aniversarios de bodas para ofrecer consejos.

III. La familia disfuncional

En Éxodo 20:5 se encuentra una verdad, un hogar donde la «iniquidad de los padres» se pasa hacia la tercera y cuarta generación. Hay algunos hogares que no pueden gozar de todas las bendiciones de Dios porque son disfuncionales. Tienen problemas serios que pueden cicatrizar profundamente a los miembros.

Si patrones disfuncionales del pasado no son quebrantados, se pueden repetir en las próximas generaciones. Solamente cuando honestamente podemos mirar a nuestros padres y a nuestro pasado estaremos libres para dejarlos de una manera saludable y unirnos a otros (Gn. 2:24).

Definición personal de una familia disfuncional. Cuando un padre o ambos sufren de un comportamiento disfuncional como la adicción (drogas, alcohol, sexo, etc.), ira (que resulta en el abuso físico de los hijos y de la esposa), incesto (abuso sexual por un padre, familiar o amigo), causado por un miembro en su familia de origen.

Se pueden diferenciar siete tipos de hijos de familias disfuncionales:

1. Buscadores: personas que siempre están buscando intimidad, pero no la pueden alcanzar.
2. Destrozados: nunca experimentaron el amor y la aceptación de sus padres.
3. Ahogantes: éstos reaccionan a las necesidades emocionales que no recibieron de sus padres gastando toda la energía y la vida de su cónyuge, sus hijos, amigos o toda la congregación.
4. Airados: no han perdonado o llegado a un entendimiento con sus padres.
5. Despegados: debido a heridas se despegan totalmente de la familia.
6. Fajones: los supertrabajadores o los alcohólicos para el trabajo.
7. Seducidos: escogen relaciones inmorales o adicciones.

Su lugar cronológico en la familia

Su familia ejerce más influencia sobre usted que cualquier otra institución o experiencia. Su lugar cronológico en la familia muchas veces explica por qué usted es como es. Su orden de nacimiento –primero, segundo o último– tiene una poderosa influencia en la clase de persona que usted será, la clase de persona con quien se casará, el tipo de vocación que escogerá y aun el tipo de padre que será.

EXAMEN: Escoja la lista que mejor le describe a usted:

A. Perfeccionista, cumplidor, hacedor de lista, bien organizado, criticón, serio, erudito (estudioso).

B. Mediador, pocos retratos en el álbum de la familia, evade el conflicto, independiente, extrema lealtad al grupo o compañeros, muchos amigos, disidente.

C. Manipulador, encantador, le echa la culpa a otros, se ensancha (se la echa), popular con la gente, buen vendedor, precoz, confrontante.

I. *El primogénito*

A. El primogénito y el único hijo/a reciben mucha atención, mucha gloria y mucha presión.

B. Se le puede añadir a la lista «A» del examen: orientado hacia la meta, sobresaliente (tiene éxito), se sacrifica, agrada a las gentes, conservador, respalda la ley y el orden, cree en la autoridad y los ritos, legalista, fiel, autoconfiado. Son protegedores de sus hermanos menores.

C. Los padres esperan más de ellos. Reciben más atención.

D. Son más serios; tienen que estar en control, llegar a tiempo y bien organizados.

E. Siendo que lo que tienen son adultos como modelos, sus características son de adulto o de un «pequeño adulto». Son conservadores y usualmente llegan a ser líderes.

F. Dos tipos de hijos mayores: complacientes o testarudos y agresivos.

  1. Complacientes: quieren agradar en todo (usualmente explotan).

  2. Agresivos: trabajan fuerte para alcanzar; usualmente pierden la familia y amigos.

G. Ventaja del primogénito: su confianza en ser tomado en serio por todos.

H. Desventaja del primogénito: Está bajo mucha presión porque se espera más de él.

I. El primogénito tiene que crecer o madurar más ligero (esto causa resentimiento).

Consejos para el primogénito:

1. No tomes demasiados proyectos.
2. Aprende a decir «no».
3. Trata de no ser perfeccionista.
4. Usa bien la habilidad para hacer preguntas y para hacer las cosas con cautela.
5. Si eres el tipo serio, trata de desarrollar un sentido de humor y no tengas temor de cometer errores.
6. Usa tus habilidades para organizar para enseñar a otros.

II. *El hijo único*

A. Critican a otros y a sí mismos. Se sienten solos.
B. Son una «joya especial» y se sienten ser el centro del universo.
C. Crecen con resentimiento porque se sienten como «adultos pequeños».
D. Tienen todas las características del primogénito, pero más agudo.
E. Se sienten «inferiores» porque sus metas son más altas y difíciles de alcanzar.
F. Tiene dos características: una de hijo mayor y la del niño menor.
G. Cuestionan por qué no tuvieron hermanos/as.
H. Cuando caen víctimas del perfeccionismo tienden a hacer dos cosas:
   1. Se vuelven muy criticones y objetivos, y no toleran errores en ellos o en otros.
   2. O se vuelven los salvadores de los demás y quieren resolverlo todo.

Consejos para el hijo único:

1. No esperes demasiado de ti mismo o hagas más de lo que puedes.
2. Asegúrate que tomas tiempo para ti.
3. Te acusan de ser egoísta o egocéntrico. Averigua si es verdad y trata de ayudar a otros.

III. *El hijo del medio*

A. Nace entre el primero y el último. Nacieron muy tarde para recibir los privilegios del primero y muy temprano para recibir el trato permisivo del último.
B. Los mayores influencian a los que les siguen.
C. Trata de competir con el hijo mayor, pero si no puede toma otra ruta. Usualmente son lo opuesto del primogénito.
D. Se siente que no recibe mucho respeto (presión de arriba y de abajo). Muchas fotos del primero, pero pocas del segundo.
E. Buscan amigos fuera de la familia, por lo tanto, tienen más amigos. Lo hacen para buscar reconocimiento.
F. Abandona el hogar más ligero. Se vuelve un espíritu libre.
G. Son buenos mediadores y más manipuladores. Están mejor ajustados a la vida.
H. Saben negociar y llegar a compromisos.
I. Son los que más secretos guardan. Lo puede hacer débil en la comunicación matrimonial.
J. Son los que menos buscan la ayuda de un profesional (ministro, psicólogo, consejero, etc.).
K. Son más fáciles para caen en malas compañías.
L. Sus matrimonios duran más.
M. Raramente admiten estar avergonzados (tienen más necesidad de ser aceptados).
N. Aceptan mejor las circunstancias y no son tan compulsivos como el mayor.

Consejos para los hijos del medio:

1. Usa bien tu habilidad como mediador.
2. Usa tu «libre espíritu» para ser creativo.
3. Usa la falta de atención como el hijo del medio para escuchar a otros.
4. Olvida el juego de las comparaciones. Todos tienen cosas positivas y negativas. ¡Tú eres tú!
5. Los hijos del medio llegan a ser buenos gerentes y líderes porque saben mediar, negociar y ceder.

IV. *El hijo menor*

A. Usualmente el último que nace (el bebé de la familia) ama ser el centro de atención. Son los graciosos.

B. Dan mucho afecto, no son complicados, pero sí un poco olvidados.

C. Es usualmente el cómico o payaso de la familia.

D. Pueden llegar a ser rebeldes, criticones, temperamentales, añoñados e impacientes. Esto se debe a que en un momento los tratan bien y en otro se ríen de ellos.

E. Quieren ser tomados en serio. Llevan la maldición de no ser tomados muy en serio por sus padres y el mundo.

F. Viven en las sombras de los que nacieron primero.

G. Crecen con la actitud «Yo les voy a enseñar».

H. Aman la alabanza y ser animados.

I. Desean disciplina para balancear su deseo de ser payaso.

J. Son orientados a ayudar a otros.

K. Los vendedores usualmente nacen en último lugar.

Consejos para el bebé de la familia:

1. Acepta la responsabilidad por tus hechos. Ya no eres un niño. ¡Crece!

2. Muchos de los que nacen últimos son desorganizados. Limpia tu cuarto.

3. Trata de trabajar en una posición que te ponga en contacto con la gente. Puedes ser un gerente si aprendes a ser organizado y a mantener un itinerario.

4. Ayuda a otros, esto te ayudará a no ser egocéntrico.

5. Usa tu habilidad para ser gracioso y persuasivo. Úsala correctamente y no buscando ser alabado.

6. Si te gusta ser el centro de atención, acuérdate que a otros también les gusta. Deja que otros hablen de sus planes, logros o lo que están pensando.

7. Antes de casarte, trata de salir en citas con un primogénito. Después de casarte, no importa su posición cronológica en la familia; acuérdate que tu esposo(a) no es tu mamá o papá.

Ejemplos bíblicos del orden de nacimiento

1. El segundo usualmente le roba la heredad al hijo mayor (doble-porción)
   a) Caín-Abel;   b) Esaú-Jacob;   c) Efraín-Manasés.
2. Parábola del hijo pródigo
   Hijo mayor
   a) ¿Se alegraría cuando su hermano se fue?
   b) Tenía a su padre para sí solo.
   c) Cuatro características en su lugar en la familia
      – Resentimiento (rehúsa entrar a la casa cuando regresa el hermano).
      – Inseguridad («lo quisiste más que a mí»).
      – «Pobre de mí» (nadie se preocupa por mí; nadie me reconoce», etc.).
      – Cree que su sacrificio fue en vano; reciben a su hermano como un héroe.
   d) Abandonó el hogar poniendo distancia entre él y el padre.
   Hijo menor
   a) Yo primero («yo quiero lo mío»).
   b) Distancia física como medio para crear una distancia emocional.
   c) Su problema le siguió (su padre todavía estaba con él en figura).

La meta es desarrollar un sentido saludable de identidad. Un buen ejemplo es Jesús (Lucas 2:41-49). Reconoce que es una persona separada y distinta de sus padres. Reconoce la reclama de sus padres, pero también la de su Padre Celestial.

Puntos clave para recordar acerca del orden de nacimiento

1. Tan importante como sea el orden de nacimiento de un niño, éste es sólo una influencia, no un acto final de la vida inscrito en cemento e incambiable respecto del futuro del niño.

2. La forma que los padres tratan a sus niños es igualmente importante a su orden de nacimiento, medio ambiente, características físicas y mentales.
3. Cada orden de nacimiento contiene debilidades o fortalezas inherentes. Los padres deben aceptar ambas mientras ayudan al niño a desarrollar rasgos positivos y a enfrentarse con lo negativo.
4. Ningún orden de nacimiento es «mejor» o más deseable que otro. Los mayores parecen tener una esquina de logros y títulos, pero la puerta está abierta ampliamente para que aquellos que nazcan más tarde puedan hacer su impresión. Está en las manos de ellos.
5. La información del orden de nacimiento no provee una imagen psicológica total de nadie. Ningún sistema de personalidad puede hacer esto. Las estadísticas y características del orden de nacimiento son indicadores que, combinados con factores físicos, mentales y emocionales, pueden proporcionar una imagen mucho más amplia.
6. El hecho de entender algunos principios básicos del orden de nacimiento no es una fórmula para resolver los problemas o cambiar la personalidad de la noche a la mañana. Cambiarse a sí mismo es, quizás, la tarea más dura y difícil que cualquier ser humano pueda intentar. Haz un esfuerzo largo y duro.

Fundamentos para la buena comunicación en el matrimonio

Introducción

La comunicación puede ser muy positiva o muy negativa. La destrucción de la comunicación negativa es tan poderosa como la reconstrucción de la comunicación positiva. El día de Pentecostés lo primero que el Espíritu Santo domó fue la lengua.

Definición

La comunicación efectiva es la transmisión con éxito de información y sentimientos de una persona hacia otra.

I. *Desacuerdo entre esposos*

A. Todos los matrimonios tienen disputas

1. ¿Habrán matrimonios que nunca han tenido disputas? Marido (con sentimiento): «Querida, así no fue como pasó.» Esposa (con expresión): «Sí, así fue exactamente como sucedió, queridísimo.» Marido (entre dientes ligeramente apretados): «Amor, realmente estás muy equivocada.»

2. Sea como sea, con dulzura o ásperamente, los matrimonios tienen desacuerdos y la solución a esos desacuerdos se resuelven verbalmente.

B. Propósito de este tema

1. Esta clase quiere explorar algunas razones y remedios para esa fricción y sugerir algunas guías prácticas para que nuestra comunicación en el matrimonio tenga éxito.

2. Las palabras dichas bajo tensión pueden cortar y herir devastadoramente: «La muerte y la vida están en el poder de la lengua» (Pr. 18:21).

3. La muerte de muchos matrimonios ha sido consecuencia de una lengua sin freno, son muchos los ataques verbales.

C. Algunas cosas para no hacer, siete cosas que debe evitar decir:

1. «Tú nunca haces lo que te digo.»

a) Evite usar la palabra «nunca», es terriblemente inexacta. Significa que su cónyuge no ha hecho ni una sola vez lo que le ha pedido.

b) La persona se va a poner a la defensa y no lo va a escuchar.

c) Lo que le está diciendo a su cónyuge es que él/ella es un absoluto fracaso y que jamás ha hecho bien una sola cosa.

d) También comunica que todo intento para satisfacerlo carece de significado para usted y no cuenta para nada.

e) No va a seguir tratando de complacerle.

2. «Eres igual que tu madre.»

a) Es una manera de criticar a los padres de su cónyuge.

b) Es un golpe bajo; su cónyuge no escogió a sus padres.

c) Es decirle: «No hay esperanza, jamás cambiarás.»

3. «Estás malentendiendo lo que te digo.»

a) ¿Será posible que el problema sea que no estés hablando con claridad?

b) La implicación «Como yo estoy comunicando perfectamente, la falta tiene que ser tuya».

c) Nadie es un comunicador perfecto.

  – «Tal vez no lo estoy diciendo con suficiente claridad.»

  – Tome parte de la responsabilidad. Así su cónyuge no sentirá que toda la culpa es de él/ella.

4. «Ya no lo soporto más.»

a) Es difícil justificar esta actitud desde un punto de vista bíblico. Dios nos sitúa a veces en situaciones difíciles y dolorosas y nos ordena perseverar: «... a través de muchas tribulaciones hemos de entrar al reino de Dios» (Hch. 14:22).

b) Escapar no es la respuesta, sino soportar.

5. «La culpa es toda tuya.»

a) Es hacer que el cónyuge se sienta culpable. Nadie gana, ella se cree culpable y usted se cree perfecto.

b) Usualmente la culpa es de los dos.

c) Hay veces cuando las cosas no marchan bien y la culpa no es de ninguno de los dos (no se debe aceptar ni asignarse).

6. «No quiero hablar de eso.»

a) Esto es peligroso, porque cuando la comunicación se corta, la avenida de la reconciliación es bloqueada.

b) El tratamiento silencioso, una de las armas más usadas en el matrimonio, raras veces soluciona algo, Es alimentar más la herida.

7. «Yo me voy.»

a) Esto complica las cosas aún más y hace más difícil la reconciliación.

b) Quédese y dialogue hasta donde puedan.

c) Busquen ayuda (consejero matrimonial).

II. *Manteniendo las cosas bajo control*

A. Algunos principios

1. Decida desde el principio a permanecer abierto a lo que su cónyuge tiene que decir, con la disposición de admitir errores legítimos de su parte. Deje que sus motivos sean descubrir la verdad y no ganar la discusión.

2. Decídase a escuchar a su cónyuge sin interrumpir o perder los estribos cuando se toque un nervio sensitivo.

3. Ore y póngase su armadura espiritual. Recuerde que el diablo es el que divide.

4. Decida que no va a herir a su cónyuge. Nadie sabe herirlo como usted. Usted conoce todos sus puntos vulnerables y sensitivos. No le tire en cara esa información, falta o confesión que él/ella le confesó.

5. Deje que su cónyuge se desahogue sin desquitarse, corregir, ajustar o sermonear.

6. Apéguese al punto más importante, o sea, trate un asunto a la vez (no vuelva a algo que ya es historia).

7. Cuando se reconcilien háganlo con muchos abrazos. Si los hijos vieron la pelea, déjelos que vean la reconciliación.

B. Fundamentos para la buena comunicación en el matrimonio.

1. Confianza: «Prometo no hacerte daño.»

2. Respeto y aprobación: «Tú eres importante para mí.» La aprobación es la expresión verbal del respeto:
   a) «Hiciste un gran trabajo.»
   b) «Eres una excelente cocinera.»
   c) «Me alegro de haberme casado contigo.»
3. Decirle «te amo» y por qué la ama, «te amo tal como eres».
   a) El amor implica aceptación y redención.
   b) Cuando amamos de esa manera la persona cambia.
   c) «Te amo» nunca se gasta.
4. Sacrificio personal: «Tus necesidades son más importantes que las mías.»
5. Perdón: «Borrón y cuenta nueva.» Se requiere madurez para perdonar y no volver a resucitar el problema.
6. Sinceridad: decir las cosas sin rodeos, sin un ataque brutal o «bondad cruel».
7. Pacto: «Lo que se requiera.» Ésta es la piedra más importante del fundamento.
   a) Nuestra sociedad ya no hace compromisos duraderos (matrimonios a prueba).
   b) «Si no es fácil, no me pidas que lo haga.»
   c) «... en tiempo de enfermedad y de salud».

III. Un plan bíblico para fortalecer el matrimonio (Ef. 4:25-32)

A. Honestidad y respeto (4:25).
B. Control (4:26). «Airaos, pero no pequéis...»
   1. Puede airarse pero sin pecar.
   2. Ataque el problema, pero no a la persona.
C. Sepa cuándo terminar (4:26, 27).
   1. No se ponga el sol sobre vuestro enojo.
      a) No espere a que él acabe de llegar del trabajo.
      b) No espere a que ella esté lavando platos.
      c) Dé tiempo para apaciguar la ira. Aprenda a leer las señales; él no habla, ella no come, se tira el teléfono, se come las uñas.
D. Sea positivo (4:28).
   1. Sea positivo cuando le quita algo, «... no robes... pero trabaja...»

2. Tenga una sugerencia para resolver el problema.
E. Use tacto (4:29, 30).
«Ninguna palabra corrompida.» Sino la que sea buena para la necesaria edificación.
F. Hágalo en privado (4:31).
No avergüence a su cónyuge en público.
G. Perdónense (4:32).
«Perdonándoos unos a otros.»

Conclusión

La comunicación requiere una mente abierta, escuchar con la mente y el corazón. Comunicación requiere que controlemos nuestras emociones. Comunicación requiere que no condenemos o juzguemos. La comunicación requiere tratar con el problema presente y llegar a una conclusión.

Los padres y la disciplina

Ésta es una de las áreas donde más consejos piden las personas. Por esa razón se está ofreciendo un ensayo más detallado.

La responsabilidad de los padres hacia los hijos se encuentra en una sencilla declaración de los escritos del apóstol Pablo a la iglesia de Éfeso: «No provoquéis a ira a vuestros hijos, sino criadlos en disciplina y amonestación del Señor» (Ef. 6:5; Col. 3:20). De esta manera resume el apóstol la orden de Dios para los padres: Ama, disciplina y enseña.

Cómo aplicar la disciplina

1. Cada hogar necesita disciplina cristiana. «El que detiene el castigo, a su hijo aborrece; mas el que lo ama, desde temprano lo corrige» (Pr. 13:24).
2. Enséñelos no tanto a obedecer, sino a honrar.

3. Los padres deben de dar el ejemplo de conducta.
4. No ignore el pecado.
5. No castigue con ira.
6. No amenace con la policía, fantasmas, el infierno, etc.
7. No castigue al niño encerrándolo en algún lugar obscuro.
8. No deje que el niño piense que es demasiado malo.
9. No castigue por accidentes.
10. No castigue por la primera ofensa.
11. No castigue por un pecado que ha sido sinceramente confesado.
12. Vea las cosas desde el punto de vista del niño.
13. Comience a entrenar temprano.
14. Gánese la confianza de su hijo.
15. Alabe el bien que sus hijos hacen.
16. Cumpla sus promesas.
17. Para que la disciplina sea efectiva, los padres deben de ofrecer un frente unido.
18. Los padres se deben poner de acuerdo sobre el modo de disciplinar.
19. El padre debe de ayudar a cuidar el bebé.
20. La madre no debe de olvidarse del esposo al nacer una criatura.
21. Padres que fueron físicamente abusados, por lo regular hacen lo mismo con sus hijos.
22. Ayúdelos a ser independientes.
23. Ayúdelos a ser responsables (cómo usar el dinero, etc.).
24. Oiga las quejas de sus maestros.
25. Conteste sus preguntas sobre la sexualidad.
26. Acuérdese que ellos desean guía y control.
27. Cuando cometa un error con sus hijos, admítaselo a ellos.
28. Explíquele al niño por qué lo va a disciplinar.
29. Acuérdese que cada uno de sus hijos es diferente; no los compare.
30. No imponga sobre ellos sus deseos y ambiciones personales.
31. Establezca reglas, pero que no sean caprichosas.

32. Dios castigó a la casa de Elí porque no supo disciplinar a sus hijos.
33. La disciplina debe de comenzar cuando el niño está en la cuna.
34. Use la vara cuando sea necesario, pues ése es el método designado por Dios (Pr. 13:24; 29:15; 23:13, 14).
35. ¡Ame! A veces los niños se portan mal porque es la única manera que pueden recibir atención.
36. Tenga confianza en sus hijos.

El niño aprende lo que vive
(autor desconocido)

1. Si vive con crítica, aprende a condenar.
2. Si vive con hostilidad, aprende a pelear.
3. Si vive con ridiculez, aprende a ser tímido.
4. Si vive con vergüenza, aprende a sentirse culpable.
5. Si vive con tolerancia, aprende a ser paciente.
6. Si vive con estímulo, aprende a confiar.
7. Si vive con alabanza, aprende a apreciar.
8. Si vive con justo trato, aprende justicia.
9. Si vive con seguridad, aprende fe.
10. Si vive con aprobación, aprende a amarse a sí mismo.
11. Si vive con aceptación y amistad, aprende a encontrar amor en el mundo.

Doce reglas para criar niños delincuentes

El Departamento de Policía de Houston, Texas, publicó una lista de «Doce reglas para criar niños delincuentes». Es una forma irónica de enfatizar las responsabilidades de los padres.

1. Comience en la infancia dándole al niño todo lo que desee. De esta manera crecerá con la idea de que el mundo está en deuda con él.

2. Cuando aprenda palabras feas, celébrelo con risas. Esto le hará pensar que es ingenioso. También esto le alentará a aprender frases «más ingeniosas» que más tarde habrán de producirle a usted dolores de cabeza.

3. Nunca le dé instrucción espiritual alguna. Espere hasta que él tenga 21 años y entonces déjelo «decidir por sí mismo».

4. Evite el uso de la palabra «incorrecto». Puede desarrollar un complejo de culpabilidad. Esto lo preparará para que más tarde, cuando sea arrestado por robar un automóvil, crea que la sociedad está en su contra y que se le persigue.

5. Recoja todo lo que él deje por allí tirado: libros, zapatos, ropa, etc. Hágale todas las cosas, de modo que él se acostumbre a echar toda la responsabilidad sobre otros.

6. Déjelo que lea cualquier material impreso sobre el cual ponga sus manos. Preocúpese de que el servicio de mesa y los vasos estén esterilizados, pero deje que su mente se deleite en la basura.

7. Mantenga frecuentes disputas en presencia de sus hijos. De este modo no se verán afectados cuando más tarde el hogar se deshaga.

8. Déle a su niño todo el dinero que desee gastar. No le permita ganarlo por sí mismo. ¿Por qué habrían de resultarle tan duras las cosas como en el caso suyo?

9. Satisfaga todos sus clamores en cuanto a comida, bebida y comodidad. Preocúpese de que sean complacidos todos sus deseos sensuales. La negación podría conducirle a una frustración dañina.

10. Póngase de parte de él contra los vecinos, maestros y policías. Todos están prejuiciados en contra de su hijo.

11. Cuando él se meta en dificultades verdaderas, discúlpese diciendo: «Nunca pude hacer nada con él.»

12. Prepárese para una vida de pesadumbre. La va a tener con seguridad.[10]

10. Larry Christenson. *La familia cristiana* (Puerto Rico: Librería Betania, 1970), págs. 96-98.

Respuestas que cortan la comunicación

1. Ordenando (tienes que… lo que vas a hacer…). Ésta es la respuesta militar. Crea resistencia, rebelión y confrontación. ¿Quién ganará?
2. Amenazas (si no lo haces te voy a…). Ésta es la respuesta policíaca. Produce resentimiento.
3. Predicando (es tu deber… es tu responsabilidad…). Éste es el método del predicador. Comunica falta de confianza. «No eres lo suficientemente inteligente.»
4. Persuadiendo con lógica (estás equivocado… yo soy más viejo que tú…). Éste es el enfoque del maestro. Pone al niño en la defensa y produce otros argumentos.
5. Aconsejando y proveyendo soluciones (déjame sugerirte… lo que yo haría es…). Ésta es la respuesta del consejero. Implica superioridad y hace al niño sentirse inferior. Le hace rebelde o dependiente.
6. Culpando, rebajando, llamando por malos nombres (eres malo… tu cabello es muy largo… eres estúpido… me arrepiento de haberte traído al mundo). Esto corta la comunicación. Le hace sentir inferior, incompetente, malo, estúpido. A veces actúan ese papel porque usted los convenció.
7. Alabando (has hecho algo bueno… yo apruebo, ves que yo tenía razón). La alabanza no debe de ser manipulativa. Usted enseña que sabe lo que es bueno o malo, pero no el niño.
8. Escuchando, simpatizando (no está mal… no te preocupes…). El enfoque de madre. Si la simpatía no es sincera puede crear una respuesta negativa.
9. Preguntas (¿dónde estabas?, ¿quién es ese muchacho?) Éste es el método de abogado. Enseña falta de confianza, sospecha o duda.
10. Evadiendo (no hablemos de eso ahora, olvídalo…). La persona se siente rechazada.
11. Molestando, tomándolo como un chiste (qué feo te ves llorando). Crea complejos y timidez.

Acciones que abren la comunicación

1. Escuchando pasivamente. Silencio... esperando en la pausa. Acentuando... «¡no me digas!» Abriendo la puerta... «¿te gustaría hablar algo más sobre esto?»
2. Escuchando activamente. Escuchar activamente es tratar con las emociones o el sentir de lo que se está diciendo. Observe también los gestos del cuerpo. Trate con los sentimientos: «¿Cuál es el problema? ¿Cómo se siente?»

Cómo organizar un retiro matrimonial

Objetivo

El objetivo principal del retiro matrimonial es ayudar a los cónyuges a conocerse más completamente y amarse más profundamente. Esto se alcanza por medio de la orientación, restauración y realización de la pareja según los principios propuestos por Dios.

Metas

1. Abrir los canales de comunicación entre las parejas por medio de un diálogo honesto y abierto.
2. Exponer el plan de Dios para las familias.
3. Enfatizar la responsabilidad de la familia hacia la iglesia y la de la iglesia hacia la familia.
4. La comprensión de los factores (sociales, culturales, económicos, psicoespirituales, etc.) que afectan las parejas cristianas.
5. Promover la finalidad de la familia, que consiste en el compañerismo, la procreación y formación de los hijos y el compromiso con la misión de Dios en el mundo, lo que implica glorificar a Dios en la familia y la evangelización de otras familias.

Programa para un retiro matrimonial

Propósito: Conocerse y amarse mejor

<small>VIERNES</small>

4:00 - 7:00 p.m. Inscripción
7:00 - 7:30 p.m. Devocional
7:30 - 8:00 p.m. Orientación general
8:00 - 9:30 p.m. Reflexión en grupos pequeños
1) Formación de los grupos (se aconseja tener 5 parejas en cada grupo)
2) Que cada grupo elija un secretario para dar un reporte en la sesión general y moderar el grupo
3) Preguntas para que cada pareja comparta con el grupo:
– ¿Cómo se conocieron?
– ¿Cuál fue la sorpresa más grande que le ha dado su matrimonio?
– ¿Cuál ha sido la crisis mayor de su matrimonio y cómo la confrontaron?
9:30 - 10:30 p.m. Reporte de los grupos pequeños
Asignación: Escríbale una carta a su cónyuge (no se la comparta)

<small>SÁBADO</small>

9:00 - 9:30 a.m. Devocional
9:30 - 10:30 a.m. Conferencia: «Base bíblica del matrimonio y la familia»
10:30-10:45 a.m. Refrigerio
10:45-11:30 a.m. Las parejas comparten y discuten las cartas.
11:30-12:30 p.m. Conferencia: «La comunicación en el matrimonio»
12:30 - 2:00 p.m. Almuerzo
2:00 - 3:00 p.m. Panel (contestar preguntas de problemas matrimoniales hechas por escrito y anónimas)

| 3:00 - 4:00 p.m. | Conferencia: «Los padres y la disciplina» |
| 4:00 - 5:00 p.m. | División en grupos pequeños (los mismos grupos y moderadores del viernes) |

1) Preguntas para que cada pareja comparta con su grupo:
– Si fueras a describir tu matrimonio con una palabra, ¿cuál sería?, ¿por qué?
– ¿Cuál crees tú que usaría tu cónyuge?
2) Describa su amistad con su esposo/a

5:00 - 7:00 p.m.	Cena
7:00 - 8:00 p.m.	La dinámica sexual en el matrimonio
8:00 - 9:00 p.m.	Servicio de oración (orar por parejas con problemas agudos, por ejemplo «celos infundados»)
9:00 - 11:00 p.m.	Fogata (cantar, asar perritos calientes, etc., alrededor de una fogata)

DOMINGO

9:00 - 9:30 a.m.	Devocional
9:30 - 10:00 a.m.	Renovación de votos (leerle la ceremonia nupcial nuevamente a las parejas)
10:00-10:15 a.m.	Testimonios de parejas y oración especial por los matrimonios
10:15-12:00 p.m.	Servicio de Santa Cena
12:00 p.m.	Clausura

El programa sugerido para el retiro matrimonial es flexible y se puede reorganizar según la necesidad de las parejas o el contexto regional. El retiro de matrimonio debe de ser una actividad anual de la iglesia local, del distrito o del territorio.

Lista de temas para retiros matrimoniales

El capítulo «La dinámica de la familia», en este libro, contiene conferencias que se pueden usar en los retiros matrimoniales, además de los siguientes temas:

201

1. Cómo comienzan los problemas en la familia
2. Asaltos sobre la familia
3. Cómo mejorar su matrimonio
4. El desafío de criar hijos adolescentes
5. Cómo enriquecer su matrimonio
6. Intervención en crisis familiar
7. La educación sexual de la familia
8. Cómo convivir con sus suegros
9. La familia latinoamericana
10. Educación sexual de la familia
11. La familia de un solo padre/madre

Reglas para las discusiones en grupos pequeños

1. No se debe obligar a alguien a hablar si no lo desea.
2. Comparta solamente sus experiencias y las de su cónyuge.
3. No resucite viejas heridas que han sido perdonadas y sanadas.
4. Explique que lo que se comparte en el grupo será confidencial.
5. Establezca un tiempo (quizás 3 minutos por persona) para contestar cada pregunta.
6. Sea sensitivo a la dirección del Espíritu Santo. Si surge alguna necesidad genuina, paren, ofrezcan consuelo y oración.
7. Al final de cada sesión, únanse de las manos y ofrezcan gracias, alabanzas y adoración a Dios.
8. No interrumpa ni haga preguntas personales o embarazosas; no dé consejo a menos que lo pidan; no juzgue.

Asesorando a la familia intercultural

Introducción

Cada día la importancia del asesoramiento intercultural es más evidente. Para el comienzo del siglo XXI, más del 50 por ciento de los EE.UU. estará poblado por personas que se consideran étnicas, inmigrantes o parte de algún grupo minoritario. Este continuo crecimiento del «mosaico americano» al reflejar una diversidad de valores culturales y lingüísticos demanda una mejor comprensión de lo que significa vivir interculturalmente.

La Iglesia de Dios tiene una membresía muy diversa; aunque la mayoría de sus miembros en los EE.UU. son de descendencia anglosajona, ésta incluye americanos negros, latinoamericanos, indios americanos y asiáticos americanos. El pluralismo racial y cultural de la Iglesia de Dios refleja la diversidad étnica de la nación. El pluralismo es potencialmente el más grande recurso y fortaleza de los EE.UU. y de la Iglesia de Dios.

El censo de 1990 reportó que la población de los EE.UU. era de 240 millones. De estos 240 millones, veintidós millones son hispanos, veinticinco millones son afroamericanos, veintitrés millones son polacos, tres millones son asiáticos y una variedad de otros grupos. Suman una cantidad de más de setenta millones de americanos étnicos; además, se estima que hay varios millones de indocumentados.

En esta sociedad pluralística la Iglesia de Dios ha experimentado un fenomenal crecimiento en iglesias de diferentes grupos culturales. El cristianismo salió de un trasfondo judío, pero desde su fundación fue la intención de Dios que el Evangelio bendijera el mundo. El evento pentecostal es tanto histórico como simbólico: personas de diecisiete naciones diferentes escucharon el evangelio en «su propia lengua» y «muchos creyeron y fueron añadidos a la iglesia» (Hch. 2:1-47). Esto estaba en armonía con el llamamiento de Abraham por medio del cual «todas las naciones de la tierra» serían bendecidas (Gn. 12:3).

Hoy el «pueblo de Dios» son aquellos que han escuchado el llamamiento y han respondido por fe al llamamiento de Dios. Nosotros, los cristianos, tenemos un mensaje terapéutico de sanidad interna para compartir con todas las gentes: «Ya no hay judío ni griego; no hay esclavo ni libre; no hay varón ni mujer; porque todos vosotros sois uno en Cristo Jesús» (Gá. 3:28). Esto requiere aprender cómo comunicar, asesorar, trabajar y ayudar mejor a las gentes de diferentes trasfondos culturales. Recursos existentes revelan que los grupos minoritarios étnicos están bajo mucha presión debido a problemas de inmigración, pobreza, cambios culturales, prejuicios, estereotipos, educación, idioma, etc.

Objetivos generales

1. Enfocar lo que la Biblia enseña acerca de la integración de las razas durante el período de la historia salvífica.
2. Tener una idea general de lo que significa asesorar interculturalmente.
3. Establecer que cada grupo cultural o subcultural requiere un proceso de asesorar diferente.
4. Explorar cómo una persona de otra raza/cultura puede asesorar con efectividad culturalmente.
5. Presentar un cuadro correcto de lo que es un grupo étnico en la sociedad americana.
6. Comprender la importancia en el asesoramiento intercultural de conocer la cultura, lengua, historia y manera de ver el mundo de cada grupo étnico.
7. Ofrecer orientación sobre cómo llegar a ser un hábil asesorador intercultural.

Objetivos prácticos

1. Desarrollar un proceso de asesoramiento intercultural.
2. Desarrollar maneras de trabajar con los miembros étnicos del cuerpo de Cristo.
3. Ayudar a la iglesia en el establecimiento de programas para ministrar interculturalmente.

I. El plan universal de salvación de Dios

A. El plan de Dios para las naciones

1. *La historia de la edificación de la Torre de Babel* (Gn. 11:1-19) es importante en el desarrollo de un modelo de asesoramiento transcultural que considera, por un lado, lo que la humanidad tiene en común y, por el otro, el pluralismo étnico en el plan de Dios. La historia presenta un choque entre la voluntad divina y la humana. Era el hombre quien deseaba una unidad basada en una sola lengua, un centro espacial para vivir y una sola meta y así desobedecer el mandamiento de Dios de «llenad la tierra y sojuzgadla...» (Gn. 1:28). Fue Dios quien los esparció por medio de la diversidad de lenguas, espacio e identidad étnica. En la Torre de Babel las lenguas fueron dadas para dividir la humanidad, pero el día de Pentecostés las lenguas fueron dadas para unir la humanidad en Cristo.

Muchos eventos de la Biblia ocurrieron desde un trasfondo multicultural. El Éxodo tomó lugar en un contexto bilingüe y bicultural. El exilio obligó a los judíos a establecer sinagogas para preservar su cultura y valores religiosos. El hecho de que sus hijos eran bilingües los animó a traducir el Antiguo Testamento del idioma hebreo al griego para enseñar a sus hijos comenzando con el idioma que mejor conocían.

Jesús, nuestro Salvador, nació, creció y ministró en un ambiente transcultural. Cuando Jesús era un recién nacido fue llevado por sus padres a vivir en Egipto. Su primer idioma era el arameo y es probable que habló hebreo y griego. Él vivió en un tiempo cuando la nación judía estaba bajo la autoridad de Roma. El día cuando fue crucificado, Pilato ordenó que un letrero escrito en tres idiomas diferentes fuese puesto sobre su cruz, con estas palabras: «Éste es el Rey de los judíos» (Mt. 27:37). Los idiomas eran: hebreo, la lengua de la religión; griego, la lengua de la filosofía; y el latín, la lengua del gobierno.

Cuando se ministra en una cultura diferente es necesario practicar la cortesía, sabiduría y tacto. Un buen ejemplo de esto es Lucas. Lucas, de acuerdo a la tradición, es el único escritor gentil en la Biblia, habiendo sido de descendencia griega. Cuando él presenta el evangelio, siendo que escribía a una audiencia de gentiles, piensa en términos de la universalidad del evangelio. Mateo traza la genealogía de Jesús hasta Abraham (Mt. 1:2), el fundador de la nación judía; Lucas la traza hacia Adán (3:38), el padre de todos los vivientes. Todos los evangelios citan Isaías 40:3 como un anuncio de la venida del Mesías (Mt. 3:3; Mr. 1:2, 3; Jn. 1:23). Todos escriben: «Voz del que clama en el desierto; preparad el camino del Señor, enderezad sus sendas.» Solamente Lucas continúa la cita (3:4, 6). «… y verá toda carne la salvación de Dios». Él continúa a propósito la promesa universal para agradar a sus lectores gentiles.

En este universalismo los samaritanos están incluidos y alabados. Jesús rehúsa detruir la aldea samaritana que no le ofrece hospitalidad (9:51-56). El héroe de una de sus parábolas es un samaritano cuya bondad excede aun la del ministerio ortodoxo judío (10:30-37). De los diez leprosos sanados, solamente el samaritano regresó para darle gracias (17:11-19).

En este universalismo los gentiles son incluidos. La misión a los gentiles no era parte normal del pensamiento judío. Pero en Lucas (2:32) el anciano Simeón ve en el niño Jesús a alguien que está destinado a ser «Luz para revelación a los gentiles». Él señala que fue a una viuda en Sarepta de Sidón donde Elías fue enviado, y que fue Naamán el Sirio al cual sanó Eliseo (4:25-27). Es en un centurión gentil que Jesús encuentra una fe que ni aun encontró en Israel (7:1-10). Muchos vendrán del oriente y del occidente, del norte y del sur, y se sentarán a la mesa en el reino de Dios (13:29). El arrepentimiento y el perdón de pecado se tiene que predicar en todas las naciones, comenzando en Jerusalén (24:27).

Lo que Lucas omite es tan significativo como lo que incluye. Él omite el dicho en Mateo que lo que es santo no se le debe de dar a los perros y las perlas no se deben echar delante de cerdos (Mt. 7:6). Lucas no cuenta la misión de los Doce, pero sí cuenta la de los Setenta (10:1-16). Las narraciones son bastante paralelas, pero Lucas no incluye el mandamiento de no ir a los gentiles o a los samaritanos (Mt. 10:5). Él no cuenta la historia de la mujer sirofenicia (Mr. 7:24-30) a la cual Jesús dijo que el pan de los hijos no se debía dar a los perrillos, para no ofender a los gentiles. Eso no significa que esas historias no eran auténticas, sino que se podían malinterpretar fuera de su contexto por los gentiles. Es una forma del Espíritu Santo enseñarnos a ser sensitivos a los aspectos culturales.

II. *El consejero intercultural*

A. Descripción de lo que es un consejero intercultural

¿Cómo se puede llegar a ser un consejero con habilidades transculturales? La experiencia nos ha dado ciertas características que un consejero intercultural debe de tener.

El consejero intercultural es aquel que se ha movido de ser culturalmente ignorante a estar consciente de su propio bagaje cultural. Se ha mudado de su etnocentrismo hacia valorar y respetar diferencias culturales. El consejero intercultural está consciente de sus propios valores y prejuicios y cómo éstos pueden afectar al cliente minoritario. El consejero intercultural tendrá un buen conocimiento de cómo el sistema sociopolítico que funciona en los EE.UU. trata a las minorías. El consejero intercultural es aquel que se siente cómodo con las diferencias que existen en términos de raza y creencias. No es ser «ciego a los colores», «te aprecio por ser diferente». El consejero intercultural es sensitivo a las circunstancias que puedan dictar la referencia de su cliente minoritario a un consejero de su propia raza y cultura. El consejero intercultural debe de poseer conocimiento específico e información del grupo en particular con el cual está trabajando (por ejemplo, «Historia negra»). El consejero intercultural debe de poder enviar y recibir mensajes verbales y no verbales acertada y apropiadamente. Evada la frase «Usted está en América».

Preguntas que debe de hacer a cada grupo étnico:

1. ¿Cuáles son los valores culturales de cada grupo?

2. ¿Cuál ha sido la experiencia histórica de este grupo en los EE.UU.?
3. ¿Cuántos valores culturales y experiencias históricas afectan el comportamiento, motivación y la percepción del asesoramiento de este grupo?

III. *Tres subgrupos en cada grupo étnico*

En los Estados Unidos un grupo étnico es visto como un «solo grupo» y dentro de ese grupo se proyectan muchos estereotipos. Se habla de los asiáticos colectivamente como que son un solo grupo, y no se toma en cuenta que componen muchos subgrupos: japoneses, coreanos, chinos, etc., y que algunos nacieron en el país, otros llegaron cuando niños y otros son recién llegados. Lo mismo se puede decir de los hispanos.

La mejor manera de estudiar los grupos étnicos es la siguiente:

1. Efectivamente asimilados
2. Parcialmente asimilados
3. Efectivamente segregados

Estos tres niveles sociales son muy importantes en el área del asesoramiento transcultural. Uno tiene que identificar en qué nivel está el asesorado en el presente. En una familia usted puede encontrar los tres niveles: padres monolingüistas, hijos bilingües y biculturales, y los nietos totalmente integrados en la cultura dominante. Escuché a un coreano compararse culturalmente a un «banbano», «amarillo por fuera, pero blanco por dentro».

Categoría étnica 1: Efectivamente asimilados. Están efectivamente asimilados en el idioma, la cultura y nivel social. Nacieron en los Estados Unidos. Se comunican efectivamente en el idioma inglés. Algunos hablan el idioma de sus padres. Algunos no desean identificarse con los recién llegados y se pueden considerar mejores que ellos. La cultura dominante les ha hecho sentir que su cultura étnica es inferior.

Categoría étnica 2: Parcialmente asimilados. Están par-

208

cialmente asimilados por el idioma, cultura y nivel social. Son bilingües y biculturales, por lo tanto, son más fáciles de asesorar. Se sienten cómodos en ambos idiomas y ambas culturas.

Categoría étnica 3: Efectivamente segregados. Este grupo representa los recién llegados al país. Están segregados por el idioma, la cultura y económicamente. Se sienten discriminados por los que han nacido o tienen muchos años viviendo en el país.

Las principales barreras que pueden impedir asesorar adecuadamente son:

Las barreras del idioma. Uno de los fenómenos lingüísticos de la comunidad hispana en los Estados Unidos es el «spanglish», o sea, hablar español mezclado con inglés. Por ejemplo, «el rufo está liquiando»; traducción: «el techo está goteando». Hay ocasiones cuando el abuelo no puede entender a su nieto porque él no sabe hablar inglés.

Lenguaje corporal . El lenguaje corporal no es igual en cada cultura. Por ejemplo, hacer contacto con la vista en la cultura anglosajona, no mirar a una persona directamente a los ojos, significa que uno es deshonesto o tiene algo que esconder. En el contexto hispano no mirar a una persona a la vista (especialmente el adulto) es una señal de respeto.

Alboroto o silencio. En algunas culturas el alboroto es señal de gozo y de celebrar la vida, mientras que en otras se prefiere como una señal de buenos modales y respeto.

Franqueza. En la cultura anglosajona se espera en el negocio que se vaya al punto pronto. En algunas culturas se hace conversación social antes de entrar a los negocios.

Confianza vs. desconfianza. Tenemos que tener en cuenta que muchos étnicos sufren del racismo. En el proceso de aconsejar existe la dinámica de la transferencia, por medio de la cual el cliente transfiere al consejero cualidades (buenas o malas) de otra persona. Por medio de sus palabras y comportamiento el consejero transcultural debe de dejarle saber al asesorado que él/ella lo acepta como que es igual a él. El cliente étnico probará su sinceridad en varias maneras, quizás lo haga no cooperando en la primera entrevista.

Composición de la familia. La mayoría de las familias étnicas todavía tienen el modelo tradicional de la familia extendida. La familia extendida (abuelos, padres, hijos en el mismo hogar) es un recurso de sostén, respaldo y consuelo para cada miembro. Honor y respeto especial es dado a los padres. Aunque el modelo de la familia nuclear todavía es la norma, los valores de la familia extendida todavía se respetan.

Los problemas más comunes que se consultan son:

1. Problemas relacionados con la aculturización o la brecha entre las generaciones. Los padres resienten el abandono de valores culturales étnicos de la generación joven por los valores americanos culturales. La generación joven tiene problemas al comunicarse con los padres debido a las brechas culturales entre ellos.
2. Problemas relacionados con la educación. Usualmente, porque hablan el inglés con acento, no son considerados material de universidad y son dirigidos por los consejeros académicos a escuelas vocacionales. Problemas emocionales en el hogar y la pobreza les impide alcanzar su potencial académico en la escuela.
3. Problemas relacionados con el empleo. Los recién llegados están en la parte baja de la escalera económica. Usualmente no reciben promoción en el trabajo, pues no quieren enojar al trabajador anglo. Son explotados por algunas compañías si están en el país indocumentados.
4. Problemas relacionados con el ambiente. Muchos viven en las grandes urbes en vecindarios que son arrabales. Los hijos usualmente se hacen miembros de pandillas y son seducidos al uso de drogas. Algunas jovencitas quedan en cinta prematuramente. Algunos, debido a la pobreza y los vicios, abandonan las escuelas. Esto crea la necesidad de asesoramiento espiritual, académico, emocional y legal.

5. Problemas relacionados con la doctrina de la iglesia. Su fidelidad al código de vestir de la iglesia les causa problemas en la escuela (rehúsan asistir a bailes o usar pantalones cortos en el gimnasio). Necesitan una adoración y literatura cristiana para su crecimiento espiritual. Algunas veces no están de acuerdo al código de vestir de la iglesia local, lo que causa un choque cultural.

6. Matrimonios interculturales. Cuando se asesoran matrimonios interculturales tres áreas de preocupación vienen a la mente. La primera área es doctrinal. Algunos consejeros creen que es pecado que personas de diferentes razas se casen. En la Biblia leemos que Moisés se casó con una mujer etíope (Nm. 12:1) y fue respaldado por Dios cuando Aarón y Miriam se opusieron. José se casó con una mujer egipcia y sus dos hijos llegaron a ser príncipes o jefes de tribus. Boaz tomó a Ruth la moabita como su esposa (Rt. 4:5-10). Si Dios en el Antiguo Testamento prohibió los matrimonios con esposas extranjeras fue para impedir la idolatría. Salomón, por medio de sus esposas extranjeras, introdujo la idolatría en la nación. El mismo principio surge en el Nuevo Testamento: «No se unan ustedes en un mismo yugo con las que no creen» (2 Co. 6:14). El interés personal de Dios en el matrimonio no es igualdad racial, sino unidad espiritual.

La segunda área de preocupación es la integración cultural. Cuando una pareja de diferentes razas se casa, su tarea mayor es cómo integrar las dos culturas. El rol del hombre y de la mujer en el matrimonio son diferentes en cada cultura. El estilo de vida y las condiciones de convivir también son distintos. Si tratamos de asesorar una pareja interracial usando solamente valores de la cultura americana es probable que fracasemos.

La tercera área de preocupación es el rechazo social. En la cultura americana no miran bien los matrimonios interraciales. Además, hay discriminación sobre sus hijos. Esto crea una crisis de identidad entre los hijos. Piri Thomas, un puertorriqueño cuyo padre era de la raza negra y la mamá de la blanca, escribió: «Odiaba a mi madre por lo que era y a mi padre por lo que no era.» Usualmente los prejuicios que sufren las parejas interraciales es lo que fortalece el matrimonio.

IV. *Esté informado*

A. Estudie la historia, valores y tradiciones de su aconsejado étnico.

B. Aprenda algunas frases del idioma de su aconsejado. Esto ayudará a establecer confianza y simpatía.

C. Aprenda su concepto del mundo. Su manera de percibir el mundo. La gente de grupos culturales tienen una forma fundamental en común para definir la realidad que los rodea. La gente de Haití cree en un mundo dominado por espíritus buenos y malos, mientras que la gente de un país comunista creerá en un mundo materialista, sin Dios.

D. Aprenda su proceso cognoscitivo o sus maneras de pensar. Toda la gente tiene habilidad para pensar, pero piensa diferente. La gente de distintas culturas llegan a conclusiones durante diferentes procesos de pensar.

E. Aprenda sus formas lingüísticas, maneras de expresar ideas. El idioma es de suma importancia para la humanidad –psicológica, social y espiritualmente–.

F. Patrones de comportamiento, maneras de actuar, lenguaje corporal, etc.
Aprenda sus patrones de comportamiento, maneras de actuar. Toda comunicación cualifica como comportamiento, sea verbal o no. Las características físicas, movimientos del cuerpo, tocar, distancia entre las personas, paraidioma, artefactos y ambiente, tienen un valor diferente en cada contexto cultural.

G. Aprenda sus estructuras sociales, maneras de interactuar.

Factores sociales, si no hubiera sido por una visión especial de Dios, hubieran impedido que Pedro visitara la casa de Cornelio, «Ustedes saben que a un judío le prohíbe su religión tener tratos con extranjeros o entrar en sus casas» (Hch. 10:28).

H. Aprenda sus recursos motivacionales, maneras de hacer decisiones. Humanamente hablando, la gente es convencida por sus razones, no las nuestras. Cada cultura tiene una forma diferente de motivar y de valores.

V. *Implicaciones para un ministerio contemporáneo*

Teología

1. Todas las criaturas y todas las culturas están bajo el juicio de Dios y en necesidad del poder redentor y santificador de Dios.
2. Cualquier ministerio a grupos minoritarios debe de ser dirigido a despertar confianza en ellos y a estar conscientes de sí mismos.
3. Dejen que el Espíritu Santo se enseñoree del corazón de los creyentes («... los guíe a toda verdad»).
4. Todos los cristianos tienen una lengua en común, la Biblia, y una cultura en común, «la familia de fe». Éste es el denominador que tenemos en común al asesorar interculturalmente.
5. El cristianismo tiene que abrazar toda la vida, tiene que jugar un papel significativo en la vida social y económica del creyente, no solamente en la salvación de su alma en el más allá.

Conclusión

«En el análisis final, debemos de recordar que cada individuo es como todos los demás, como otras personas y como ninguna otra persona.»

213

Narcomanía

La narcomanía puede definirse como el uso continuado de drogas que producen la formación del hábito psicológico y fisiológico. La narcomanía no respeta clase, sexo o nivel económico. Se encuentra en todas las razas y niveles económicos.

Los efectos de la narcomanía varían según la clase de droga, la dosis empleada y la personalidad del narcómano. Las drogas que más se emplean son: opio, sustitutos sintéticos, barbitúricos, derivados de la *Cannabis sativa* –cáñamo de la India–, como la marihuana, anfetaminas, cocaína y engrudo. Las diversas reacciones a estas clases de drogas requieren tratar por separado sus efectos.

El narcómano es típicamente una persona emocionalmente falta de madurez, incapaz de forjarse metas de largo alcance. Por lo común, el narcómano está muy apegado a su madre o a su cónyuge.[11]

Dos factores distinguen al adicto de las drogas: el alto costo de mantener el vicio y la posibilidad de una muerte prematura a causa de una sobredosis. El adolescente suele tomar su primera droga como experimento. Si el joven tiene buen ajuste emocional se le hace más fácil dejar el vicio. Si tiene problemas emocionales encuentra en la droga algo para matar su dolor y es más difícil quitarle su dependencia en la droga.

El tratamiento del narcómano debe de incluir aspectos médicos, psicológicos y espirituales. En casos graves de narcomanía es necesario hospitalizar al paciente para lograr la completa eliminación de la droga. El autor de este manual tuvo el privilegio de trabajar un verano con el Rdo. Dave Wilkerson, el autor de *La cruz y el puñal*. El Rdo. Wilkerson, quien tiene el programa que más éxito ha tenido en la sanidad de adictos, nos da de su experiencia pastoral una cura positiva para el narcómano. El drogadicto debe de hacer lo siguiente:

---

11. Clyde M. Narramore, op. cit., págs. 139-142.

1. Admitir que está enviciado.
2. Dejar de buscar una salida fácil.
3. Entregar su vida a Dios.
4. Comenzar a planear su vida de nuevo.
5. Sacudir todas sus dudas –pensar positivo–.

Instrucciones para el adicto

1. Cómo mantenerse limpio (Jn. 5:2).
2. Cómo enfrentarse a la tentación (1 Co. 10:13).
3. Cómo recibir ayuda cuando la necesite (Mt. 21:22).
4. Cómo ser un hombre nuevo (2 Co. 5:17).
5. Cómo enfrentarse a la persecución (2 Ti. 3:12-15).
6. Cómo conseguir poder espiritual (He. 1:8).

8

M *étodo de enseñar*
por medio de casos de estudio

Entre los educadores teológicos y personas activas en el ministerio está creciendo un interés en unir el entrenamiento del seminario con los problemas de la vida diaria. El Instituto de Casos de Estudio ha descubierto que por medio de «casos» que descubren a profundidad los problemas contemporáneos, a los estudiantes se les puede dar una oportunidad de usar sus conocimientos conceptuados en situaciones tomadas de la vida real. En el estudio de estos casos frecuentemente se presentan tantas soluciones a los problemas como hay estudiantes; sin embargo, por medio de la evaluación crítica de la evidencia de un caso que ocurre en la discusión en clase, algunas soluciones parecen ser mejores que otras.

El objeto de este método es demostrar cómo la enseñanza de casos de estudio anima al estudiante a usar su imaginación para resolver los problemas contemporáneos. Es un ejercicio sobre cómo hacer decisiones. Este método es usado por el Dr. Glasse de la Universidad de Vanderbilt para conducir «seminarios de educación en el campo». Los estudiantes en estas clases tienen que traer por escrito problemas confrontados en sus estudios prácticos en el campo. El método puede ser usado por un grupo de pastores, grupos de discusión en la iglesia, retiros, etc.

El bosquejo para escribir un caso es el siguiente:

I. Trasfondo: suficiente información para poner el evento en su contexto.
II. Descripción: ¿Qué pasó y cómo actuó usted?
III. Análisis: ¿Qué está pasando aquí?
IV. Evaluación: su estimado de cómo actuó usted. ¿Cómo puede el grupo ayudarle?
Si quiere mantener los actores en el caso confidencialmente, use nombres ficticios.

Cómo estudiar un caso

1. Clarificación de la información. Los miembros del grupo hacen preguntas al presentador para esclarecer el caso en sus mentes.
2. Análisis de las dinámicas en el evento (25 minutos). En esta sesión el presentador no participa en la discusión y no se le puede hacer preguntas.
3. Evaluación de la actuación del presentador (10 minutos). En esta sesión se evalúa la actuación del presentador. La evaluación se hace en dos maneras: lo primero es evaluar la competencia profesional del presentador. ¿Hizo lo que debió haber hecho? ¿Qué pudo haber hecho diferente? La segunda tarea es evaluar su competencia teológica. En esto entran sus valores y su conocimiento teológico.
4. Reflexión y reacción por el presentador (10 minutos). El presentador ahora tiene la oportunidad de responder a la discusión del grupo. Puede contestar estas preguntas: ¿En qué punto fue el análisis y la evaluación del grupo de más ayuda? ¿Qué no ha podido ver y comprender el grupo? Si hubiera la oportunidad, ¿qué punto le gustaría que el grupo volviera a discutir?

9

D inámica de grupo

Todos los seres humanos funcionan durante la mayor parte de sus vidas en grupos. Las personas se unen a ciertos grupos porque en ellos experimentan alguna cantidad de seguridad y satisfacción. La iglesia local está compuesta de grupos: escuela dominical, sociedades de jóvenes, damas y caballeros, células de estudios bíblicos en los hogares, comités, etc.

La importancia y uso de grupos pequeños en la iglesia

1. Proveer un ambiente para el crecimiento personal.
2. Exponer al individuo lo que requiere la fe cristiana.
3. Hacer posible que las personas sirvan a Cristo y a la iglesia.
4. Hacer posible que la iglesia extienda su ministerio al mundo.
5. Servir como campo de entrenamiento para que las personas sepan cómo hacer decisiones en el mundo secular.

Una definición de la dinámica de grupo

Es el campo de estudio que intenta entender la razón por la cual los grupos reaccionan de cierta manera. También se refiere al cuerpo de conocimientos ya logrados por el estudio; y comúnmente se usan las dinámicas de grupo para referirse al uso de conocimientos del proceso de grupo.

La formación y el cambio del grupo no toma lugar automáticamente, sino que son las consecuencias de los esfuerzos de los miembros para resolver sus problemas, satisfacer sus necesidades y hacer su tarea.

Los siguientes elementos están presentes en cada grupo. Sin un buen conocimiento de ellos no podemos operar efectivamente.

El grupo se caracteriza por el tipo de líder que está al frente –hay grupos sin líderes o con líderes rotativos–:

1. El líder autócrata
   a) Es autoritativo, su deseo es terminar la tarea a su manera.
   b) Hace minimizar las relaciones personales.
   c) Es insensitivo a las necesidades de los miembros del grupo.
2. El líder «laissez-faire»
   a) Está interesado en las relaciones personales y el proceso.
   b) Tiene la tendencia a descuidar la tarea y fracasar.
   c) Deja al grupo trabajar como desea.
3. El líder democrático
   Hace un equilibrio entre la tarea y las personas.

Cinco estilos de liderato

1. Ordenar: el líder identifica un problema, considera soluciones alternativas, escoge una de ellas y después le dice al grupo lo que tiene que hacer.
2. Persuadir: el líder hace la decisión sin consultar al grupo. Sin embargo, en vez de anunciar su decisión, él trata de persuadir a los miembros a aceptarla.
3. Consultando: el líder les da a los miembros del grupo la oportunidad de influenciar la decisión desde el principio. Él presenta el problema y después les pide a los miembros sus ideas sobre cómo resolverlo.
4. Uniéndose: el líder participa en la discusión «como cual-

quier otro miembro» y hace acuerdo por adelantado de aceptar cualquier decisión que el grupo escoja.

5. Delegando: el líder identifica el problema y las formas bajo las cuales será resuelto. Después se las da al grupo para buscar las soluciones. Él se pone de acuerdo para aceptar sus soluciones, después que estén dentro de los métodos que él les dio.

Fuerzas en el líder

¿Cómo decide un líder qué estilo de liderato escoger? Hay tres presiones que son de importancia:

1. *Fuerzas en el líder.* Cada líder percibe su liderato de acuerdo a su trasfondo, conocimiento y experiencia. Los siguientes factores dominan su estilo de liderato: su sistema de valores, su confianza en los miembros del grupo, su personalidad, su sentido de seguridad bajo ciertas circunstancias.

2. *Fuerzas en los miembros del grupo.* El líder tiene que reconocer que cada miembro del grupo es diferente en su personalidad o manera de enfrentarse a los problemas. Hablando en general, el líder le puede permitir al grupo mayor libertad si las siguientes condiciones existen:
   a) Alta necesidad de independencia.
   b) Disposición para asumir responsabilidades.
   c) Alta tolerancia en la ambigüedad.
   d) Su interés en el problema.
   e) El conocimiento necesario para confrontar el problema.
   f) Si esperan participar en el proceso de hacer decisiones.

3. *Fuerzas en la situación.*
   a) Tipo de organización. Las organizaciones tienen valores y tradiciones que influyen en el comportamiento de sus miembros.
   b) La manera en que el grupo trabaja unido.

c) El problema mismo. Ejemplo: si hay un fuego no se va a poner a preguntar cómo se va a apagar el fuego; tendrá que ser autoritativo y dictar el proceso.

d) La presión del tiempo disponible.

En resumen, el estilo de liderato que se adopte depende de la situación o el problema. En algunas ocasiones tiene que ser autócrata y en otras democrático.

Maneras del grupo para resolver problemas

1. Definición del problema (clarificación).
2. Torbellino mental (exploración). Escribir todas las posibles decisiones que vienen a la mente, incluyendo las que parecen ilógicas.
3. Evaluación de las sugerencias.
4. Conversión de las decisiones en acción.
5. Evaluación de las decisiones.

Algunas dimensiones de la interacción del grupo

1. La tarea.
2. Mantenimiento: manteniendo la individualidad de cada miembro.
3. Esas dos cosas crean un problema.
   a) La tarea es más importante y no se considera el sentir del individuo.
   b) Miedo de herir los sentimientos de los miembros, por lo cual no se puede llegar a un acuerdo.
4. Lo ideal es combinar las dos dinámicas: hacer la tarea y que los miembros se sientan bien.

¿Qué puede hacer usted para alcanzar ese objetivo?

1. La tarea.
   a) Sea un iniciador.

b) Busque información y opiniones.

c) Sea un aclarador.

d) Sepa resumir el problema y las soluciones.

2. El mantenimiento.

a) Sea un animador.

b) Sea un armonizador.

c) Sea elástico, comprometa sus ideas cuando otros están en contra.

d) Nunca tome acciones que dividan al grupo.

e) Mantenga las puertas abiertas a ambos lados cuando el grupo está dividido.

f) Ponga objetivos que el grupo pueda alcanzar.

Conflictos en el grupo

El conflicto no es negativo: es ser maduro y honesto el uno con el otro. La manera que tratamos el conflicto es lo que le da su valor positivo o negativo.

Reacciones a los problemas

1. Huir.

a) Cambiar el tema, decir un chiste, etc.

b) Dejarlo para otro día –esto en ocasiones es constructivo–.

2. Reacción a pelear.

a) Tendencia a dividirse –se forman subgrupos–.

b) Hay ocasiones en que la mejor solución es una confrontación abierta para aclarar la atmósfera y ser sinceros. Esto se debe de hacer en el amor de Cristo. «Airaos, pero no pequéis.»

3. Reacción a la independencia.

Que el pastor lo resuelva. Si él lo hace mata la iniciativa. Hay iglesias que si el pastor se va, se caen.

4. Contradependencia.

El primero era: «Dinos qué hacer»; éstos son: «No nos digas nada.»

5. Independencia.
   a) Hay ocasiones cuando el líder está en lo correcto.
   b) Hay ocasiones cuando el líder está equivocado.

Bosquejo para analizar un grupo

1. El uso que el grupo hace de las diferentes habilidades de sus miembros.
2. La participación de los miembros en el grupo.
3. Comunicación en el grupo.
4. Atmósfera del grupo.
5. La cohesión del grupo.
6. La tensión en el grupo.
7. Cómo el grupo resuelve problemas.
8. La subgrupación del grupo.
9. Los objetivos del grupo.
10. El liderato del grupo.

El individuo en el grupo

1. Cada persona necesita «sentirse en casa» dentro del grupo, sentirse apreciada, aceptada, respetado y que es parte del grupo.
2. Todas las personas deben sentirse libres en el grupo para:
   a) participar o no participar;
   b) expresar opiniones y dudas;
   c) traer preguntas que interesen al grupo;
   d) proponer algo raro.
3. Cada persona trae a cada grupo muchos factores e impresiones de otros grupos de los cuales él fue parte o fue miembro.
4. La «agenda escondida» de algunos individuos frecuentemente impide el funcionamiento del grupo. Las fuentes de la «agenda escondida» caen en tres áreas, que son:

necesidades e intereses personales, lealtades ajenas y relaciones interpersonales.

El primer paso para tratar con la «agenda escondida» es reconocerla.

1. El deseo de ser reconocido como un líder, o el deseo de poder, puede mover a cualquier persona a tratar de dominar el grupo.
2. El área de lealtades ajenas es cuando una persona se siente un representante de un grupo «invisible» en el grupo al cual pertenece.
3. Una persona puede ser una personalidad fuerte en la iglesia o en la comunidad, de tal manera que otros temen desafiarla.

Todo esto malgasta el tiempo y las energías del grupo e impide el progreso para tratar la agenda del grupo. ¿Cómo se debe de tratar con la agenda escondida? Se ofrecen tres sugerencias.

1. Primeramente, en el proceso del tiempo, el líder debe de procurar desarrollar en el grupo la capacidad de reconocer la agenda escondida cuando aparece y saber entenderla.
2. El grupo debe de buscar cómo funcionar en un ambiente de entendimiento, de tal forma que los miembros, individualmente, puedan sentirse bastante seguros para criticarse a sí mismos.
3. El grupo debe de reconocer que a veces una confrontación de sentimientos es necesaria, antes que el grupo pueda proceder. No es deseable que el grupo sienta que las cosas deben siempre aparecer como marchando bien o que los conflictos deben de evitarse a toda costa. A veces, el único camino para la salud del grupo es la confrontación de sus problemas.

Lo más importante en todo nuestro estudio de la psicología pastoral es que las respuestas que necesitamos para nuestras vidas y la ayuda que otros necesitan se encuentran de forma real, plena y completa en la palabra viva y sanadora de Dios.

¿ESTÁS CONFORME CON TU PERSONALIDAD?

La forma como te estimas a ti mismo influye la manera de sentirte hacia todas las personas y todo alrededor de ti y tu vida. O sea, la representación de ti mismo afecta tu opinión. Puede llevarte a ser pesimista y perder una buena oportunidad porque te sientes desesperado, o también actuar tan optimista y tontamente que parezcas un desastre, sólo porque crees que eres invencible. Por supuesto que todos tenemos días cuando creemos que ella/él piensa que ella/él es extraordinario, pero generalmente la mayoría de lo que la gente piensa yace entre los dos extremos mencionados.

Esta prueba te dará una amplia idea de la forma en que tu personalidad puede estar influenciando en tu manera de pensar. Nada es más irritante que el escuchar a otra persona quejándose de sí misma o exagerando, sin darse cuenta de lo que está haciendo. Para poder entender a otras personas, primero debemos de estar al tanto de nuestra propia ceguedad y prejuicios. Dándote cuenta de cómo te ves a ti mismo puede ser revelador.

A continuación presentamos cincuenta declaraciones que muchas personas pueden hacer de sí mismas de vez en cuando. Indica con qué frecuencia cada declaración sería verdad acerca de ti: «N» (significa nunca), «R» (raramente), «O» (ocasionalmente), «U» (usualmente) y «S» (siempre).

Fecha _____ Nombre_____

	S	U	O	R	N
1. Si yo fuera del sexo opuesto, me encontraría atractivo.					

227

	S	U	O	R	N
2. Usualmente siento que me visto bien.					
3. Me gusta que me vean en traje de baño.					
4. Me gusta ser visto en fiestas.					
5. Mi peso es casi lo que yo deseo.					
6. Me gusta mirarme en un espejo grande.					
7. Me gusta salir a comprar ropa nueva.					
8. Si alguien hiere mis sentimientos, me gusta decírselo.					
9. Yo soy optimista.					
10. Me siento importante.					
11. Yo me defiendo bien en mis conversaciones.					
12. La gente valoriza mi opinión.					
13. No me desanimo fácilmente.					
14. Siempre estoy de buen humor.					
15. Soy energético.					
16. Me gusta estar con el sexo opuesto.					
17. Me río de mis propios errores.					
18. Yo soy inteligente.					
19. Nada es demasiado bueno para mí.					
20. No guardo rencor contra nadie.					
21. No es mucho lo que me gustaría cambiar de mi persona.					
22. Siento que tengo control de mi destino.					
23. Hago todo lo que me propongo.					
24. Otras personas me quieren.					
25. Me gusta conocer y hablar a nuevas personas.					
26. Pocas veces me siento culpable.					
27. No hay muchas personas que me gustaría ser como ellas.					

	S	U	O	R	N
28. Pocas veces me avergüenzo.					
29. Si tuviera la oportunidad de volver a vivir no cambiaría nada.					
30. Mi vida ha sido muy interesante.					
31. He completado una buena meta.					
32. Me gusta donde vivo.					
33. Me gusta mi trabajo.					
34. Me gusta confiar en las personas.					
35. No me gusta que la gente me ordene.					
36. La gente me admira.					
37. La gente casi siempre me toma en serio.					
38. Todavía estoy creciendo.					
39. No estoy estancado en la misma rutina.					
40. Soy una persona generosa.					
41. La suerte no es muy importante en mi vida.					
42. Me encanta levantarme temprano.					
43. Seré muy difícil para que me reemplacen.					
44. Mi vida es completa.					
45. Yo me cuido solo.					
46. Otras personas me necesitan.					
47. Nada me preocupa.					
48. La mayoría de gente que conozco es peor que yo.					
49. Tengo estilo que indudablemente es mío.					
50. Si alguna vez estoy en problemas, mis amigos estarían ahí para ayudarme.					
TOTAL					

Puntuación total: $(Sx4)+(Ux3)+(Ox2)+(Rx2)+(Nx0)$

_____+_____+_____+_____+_____=☐

Entendiendo su puntuación

Puntuación de 160 o más

Si eres tan bueno como crees, ¡eres extraordinario! Si tu puntuación es de 175 o más, de cualquier modo, probablemente estás exagerando un poco. Pocas personas son las que se sienten de la misma forma que tú. Casi todas las personas que tienen una puntuación tan alta como la tuya no son realistas ni rígidas. Probablemente tú estás más envuelto en ti mismo, muy desconsiderado a los sentimientos de otras personas y preocupado con tus propios planes. Necesitas preocuparte e interesarte más por la vida de otras personas.

Aprende a aceptar tus fallos y limitaciones; encontrarás que quizás no eres tan bueno como pensaste, pero tampoco no eres tan malo como crees.

De 130 a 160

Tienes una buena imagen de ti mismo. Tienes orgullo, energía, ambición y eres una persona determinada. Es muy difícil para que otros puedan tomar ventaja de ti. Tienes confianza en ti mismo, eres diligente y siempre obtienes lo que te propones, porque trabajas muy duro para corregir los errores que encuentras. Éstas son las características de alguien que tiene amor propio.

De 100 a 129

Aunque casi siempre tienes una buena opinión de ti mismo, tiendes a hacer algunas cosas que no te gustan. Encuentras difícil de entender que puedes alcanzar felicidad por medio de tus propios esfuerzos. Le das mucha importancia a las cosas y no tienes metas lo suficientemente definidas. Necesitas ponerte un poco más en el centro de tu escenario. No permitas que las cosas pasen sin tú influenciar en ellas. Debes de tener más control sobre tu vida.

De 70 a 99

No tienes mucha personalidad y tú lo sabes. Si estás experimentando pérdidas o derrotas esto tal vez explique tu puntuación. Te sientes cansado, vacío y sin valor casi todo el tiempo. Probablemente te sientes atrapado, molesto y «culpable». No eres social y no estás contento con todo lo que haces.

Despacio y tranquilamente, vuelve a creer en ti mismo otra vez y verás que en el futuro serás mejor.

Menos de 70

Ni qué preguntar, ¡necesitas ayuda! Tu opinión personal no es realista ni práctica. No hay duda que tu personalidad es negativa, tú te sientes solo y necesitarás ayuda de un profesional que te dé una buena terapia. No trates de posponerla.

– Apéndice 2 –

CUESTIONARIO PARA LÍDERES

Los siguientes aspectos describen el comportamiento de un líder. Responda de acuerdo a cómo actuaría si usted fuera un líder de grupo. Circule las letras de acuerdo a cuál sería su respuesta.

(S☐=☐siempre) (F☐=☐frecuente) (E☐=☐en ocasiones)
(R☐=☐raramente) (N☐=☐nunca)

Si yo fuera un líder de grupo

S F E R N   1. Me gustaría ser el representante del grupo.

S F E R N   2. Les daría libertad de trabajo a mis miembros.

S F E R N   3. Les animaría a nuevas formas de procedimiento.

S F E R N   4. Les daría libertad para que resuelvan sus propios problemas.

S F E R N   5. Los premiaría por sus esfuerzos.

S F E R N   6. Les daría libertad de trabajo.

S F E R N   7. Mantendría mis trabajadores produciendo a su propia velocidad.

S F E R N   8. Los dejaría solos en el trabajo, para que lo hagan.

S F E R N   9. Solucionaría los problemas de mi grupo.

S F E R N   10. Me negaría a darles cualquier libertad.

S F E R N   11. Yo decidiría lo que hay que hacer, y cómo tiene que hacerse.

S F E R N   12. Les exigiría aumento de producción.

S F E R N   13. Pondría algunos miembros en lugares estratégicos.

S F E R N   14. Estaría dispuesto a hacer cambios.

S F E R N   15. Elaboraría un horario de trabajo.

S F E R N   16. Me negaría a explicar mi comportamiento.

S F E R N   17. Les enseñaría a otros que mis ideas son de su beneficio.

S F E R N   18. Le permitiría al grupo hacer su propio tiempo.

P _____   T _____

Instrucciones para la puntuación

A. Haga un círculo a los siguientes números: 1, 3, 9, 10, 11, 15, 16 y 17.

B. Escriba el número «1» al lado de las respuestas «R» o «N».

C. Escriba el número «1» al lado de las respuestas «S» o «F».

D. Haga un círculo a todos los números «1» que escribió en las siguientes respuestas: 2, 4, 5, 6, 8, 10, 14, 16 y 18.

E. Cuente los números «1» que marcó. El resultado sería la puntuación por su interés por las personas. Apunte esta puntuación al lado de la «P» al final del cuestionario.

F. Cuente los números «1» que no marcó. El resultado sería la puntuación por producción. Anote este número al lado de la letra «T» al final del cuestionario.

PRUEBA PARA MEDIR
LA SUSCEPTIBILIDAD AL ESTRÉS

Responda todas las preguntas de acuerdo a la siguiente escala:

Totalmente de acuerdo = 3
Medianamente de acuerdo = 2
Medianamente en desacuerdo = 1
Totalmente en desacuerdo = 0

Sume el número total de puntos y escríbalo en el termómetro dibujado en la última página. Éste indicará la «temperatura» a la susceptibilidad que usted tiene para la fatiga. Las cinco áreas de la funcionalidad humana están representadas en esta prueba. Por lo tanto, a través de este examen y del patrón de respuestas que usted provea será posible determinar si una o más áreas de su vida necesitan de actividades especiales para remediar el estado de fatiga en que se encuentran.

ÁREA FÍSICA	Puntos
1. Usualmente, me siento fatigado y exhausto.	
2. Rara vez duermo toda la noche.	
3. Si me despierto, me es difícil volver a dormir.	
4. Hago ejercicio menos de dos veces al día.	
5. Prefiero usar los ascensores en vez de las escaleras.	
6. La mayoría de la gente me consideraría como un guerrero.	
7. No tengo un plan que prevea la fatiga emocional.	
8. Rara vez como vegetales o fruta fresca.	

	Puntos
9. A menudo consumo azúcares y comida refinada.	
10. Tengo sobrepeso.	
11. Añado sal a la comida sin antes probarla.	
12. Bebo más de cuatro tazas de café o té al día.	
13. Bebo más de cuatro sodas carbonatadas al día.	
14. Como hasta que me siento repleto.	
15. Fumo más de diez cigarrillos al día.	

Total 1 _____

ÁREA INTELECTUAL	Puntos
16. Rara vez hago innovaciones a mi trabajo.	
17. Rara vez leo un periódico especializado o libro que incumba con mi profesión.	
18. No tengo planes para una relajación intelectual.	
19. Rara vez leo algo aparte del periódico.	
20. No tengo un pasatiempo.	
21. No expreso mis sentimientos en un arte, música o danza.	
22. No me gusta resolver problemas complejos.	
23. No sé quién es mi representante en el Congreso.	
24. No me mantengo al día con los eventos mundiales.	
25. Rara vez asisto a un taller o reunión especializada que tenga que ver con mi profesión.	
26. Dos opiniones contradictorias, ambas no pueden estar correctas.	
27. No sé que parte de mi trabajo me causa tensión.	
28. Sólo puedo pensar en una o dos cosas para combatir la tensión en mi trabajo.	

29. Pienso que el soñar despierto es una pérdida de tiempo.	
30. Los problemas en el trabajo tienen «sólo una respuesta».	

Total 2 _____

ÁREA EMOCIONAL	Puntos
31. No estoy seguro de lo que creo.	
32. Me siento descontento la mayor parte del tiempo.	
33. Rara vez felicito a otros.	
34. No estoy de acuerdo con la ira.	
35. Tomo revancha si alguien hiere mis sentimientos.	
36. No veo muchas cosas que sean divertidas para mí.	
37. Tengo problemas sexuales.	
38. Rara vez lloro y pienso que no es correcto hacerlo.	
39. Estoy sobrecargado de trabajo porque no puedo decir que no.	
40. A menudo encuentro faltas en mí.	
41. No tengo ningún(a) compañero(a) de trabajo con el(la) cual pueda compartir mis sentimientos importantes.	
42. Si tuviera un problema personal importante que compartir, no tengo a nadie con quien compartirlo.	
43. Aparte de mi trabajo tengo pocos intereses.	
44. Me siento avergonzado cuando otros me felicitan.	
45. A menudo encuentro fallas en los demás.	

Total 3 _____

ÁREA SOCIAL	Puntos
46. No tengo amigos(as) personales.	
47. Rara vez conozco a alguien que me gustaría conocer mejor.	
48. Mis relaciones familiares son menos que satisfactorias.	
49. Es mejor no involucrarse si veo a alguien cometiendo un crimen.	
50. No soy simpático(a) para la mayoría de la gente.	
51. Pienso que el beber y manejar es aceptable.	
52. Rara vez salgo con mi familia.	
53. No conozco a mis vecinos ni me interesa conocerlos.	
54. No hago ningún esfuerzo por conservar energía.	
55. Rara vez socializo con mis compañeros de trabajo.	
56. Rara vez participo en actividades comunitarias.	
57. No existen causas ni preocupaciones dignas a las cuales pueda contribuir con mi dinero o tiempo.	
58. Pienso que el hecho de votar es una pérdida de tiempo.	
59. Me siento incómodo en la mayoría de las interacciones sociales.	
60. Generalmente, estoy insatisfecho debido a mi interacción con los demás.	

Total 4 _____

ÁREA ESPIRITUAL	Puntos
61. El futuro no luce promisorio para mí.	
62. No creo que mi trabajo es importante.	
63. No me gusta estar solo.	

64. Siento muy poca obligación por la vida de otros.	
65. Dudo si pueda tener éxito en la vida.	
66. A menudo tomo píldoras para dormir o tranquilizantes.	
67. Bebo más de dos bebidas alcohólicas al día.	
68. Bebo cuando estoy deprimido o nervioso.	
69. Bebo alcohol en el almuerzo.	
70. Rara vez me gusta hacer cosas, a menos que estén planeadas.	
71. No veo mucho que sea positivo en la vida.	
72. No hago mi trabajo especialmente bien.	
73. No me gusta perder mi tiempo tratando de ayudar a otros.	
74. Es imposible cambiar el sistema.	
75. Ya no disfruto mi trabajo como antes.	

Total 5 _____

Suma total de todas las áreas

Total 1 _____

Total 2 _____

Total 3 _____

Total 4 _____

Total 5 _____

Total final _____

Glosario

Aberración: Desviación de lo normal.

Acrofobia o hipsofobia: Miedo mórbido a los sitios altos.

Actuación: Expresión de conflictos emocionales inconscientes mediante conducta externa, en vez de la internalización de los mismos.

Ajuste: Intento del individuo por armonizar sus necesidades con las exigencias de su ambiente.

Adolescencia: Período en que el niño comienza a convertirse en adulto. Se inicia en la pubertad (aprox. 10-14 años) y termina cuando la persona adquiere la plenitud para engendrar (aprox. 17-19 años).

Agresión: Ataque contra un objeto, individuo o idea que se interpone en el camino de una persona.

Agorafobia: Miedo mórbido a los espacios abiertos.

Aislamiento: Mecanismo de defensa en que el inquietante contenido de una experiencia se aleja de la conciencia, para evitar reacciones emocionales perturbadoras.

Alcoholismo: Condición mórbida causada por el empleo habitual del alcohol.

Alucinación: Percepción sensorial producida sin estímulo externo.

Amarse a sí mismo: Narcisismo.

Ambiente o medio: El mundo que rodea a la persona, como hogar, escuela, oficina, familia, iglesia y otras relaciones sociales.

Ambivalencia: La existencia de deseos o sentimientos contrapuestos hacia un objeto.

Amnesia: Incapacidad parcial o total para recordar experiencias pasadas.

Anorexia: Grave y prolongada pérdida del apetito.

Ansiedad flotante: La que no tiene relación con ningún objeto específico. Aparece en todas las situaciones.

Astrofobia: Miedo mórbido al trueno y al relámpago.

Autoactualización: Pleno desarrollo del potencial del individuo.

Autodegradación: Censura contra sí mismo, relacionada con sentimientos de indignidad.

Autoerotismo: Masturbación. Satisfacción del deseo sexual sin colaboración ajena.

Bestialidad: Relaciones sexuales con animales.

Bloqueo: Incapacidad de evocar una idea o experiencia, causada por un conflicto emocional.

Catarsis: Descarga de tensión emocional relacionada con ideas dolorosas y perturbadoras. Se realiza «desahogándose» ante un oyente comprensivo.

Catatonia: Clase de esquizofrenia caracterizada por rigidez e inflexibilidad musculares. Pueden producirse períodos alternos de excitación e hiperactividad.

Causa primaria: El principal factor etiológico de un trastorno.

Causa secundaria: Factor etiológico distinto de la causa primaria, que interviene en la producción de un desajuste.

Claustrofobia: Miedo mórbido a estar en espacios pequeños y cerrados.

Cleptomanía: Compulsión irresistible a robar. El individuo suele no necesitar lo robado.

Clínica de consulta externa: Clínica en que se da el tratamiento a los pacientes sin hospitalizarlos.

Coito: Copulación, acto sexual.

Compensación: Mecanismo de defensa mediante el cual el individuo oculta un rasgo indeseable, exagerando otro deseable.

Complejo de inferioridad: El sentirse incompetente e incapaz de alcanzar las normas deseables.

Compulsión: Impulso irresistible a realizar determinado acto, por más que el individuo se dé cuenta de que es irracional.

Conciencia: Conocimiento, noción.

Conducta desviada: La que se aparta del promedio. El término suele emplearse en sentido patológico.

Conflicto: Tensión caracterizada por incompatibilidad de deseos, necesidades o exigencias del ambiente.

Congénito: Condición que existe desde el nacimiento, sin ser necesariamente hereditaria.

Cretinismo: Grave deficiencia tiroidea en edad temprana, acompañada de retardamiento del desarrollo físico y mental.

Crónico: Persistente, o que se prolonga mucho tiempo.

Culpa: Sentimiento de aprensión y pecaminosidad. La culpa real, sentimiento inducido por el Espíritu Santo cuando se ha quebrantado la ley de Dios, debe distinguirse de la pseudoculpa o culpa ficticia, que proviene de un ambiente excesivamente censurador.

Chispazo introspectivo (insight): Súbita comprensión de la causa de un problema, o de una solución. Discernimiento de las relaciones y los datos o experiencias.

Delincuencia juvenil: Conducta ilegal o antisocial de un menor de edad.

Delirio: Estado de trastorno mental que puede incluir confusión, desorientación, excitabilidad, ilusiones, desilusiones o alucinaciones.

Delirium tremens: Condición que se caracteriza por ansiedad, temblores y alucinaciones. Proviene del prolongado uso del alcohol.

Depresión: Tristeza, decaimiento o melancolía injustificados. Sensación de indignidad o culpa, y a menudo de aprensión.

Desarrollo psicosocial: Desarrollo de las relaciones sociales del individuo.

Desplazamiento: Mecanismo de defensa por el cual una actitud emocional se transfiere de su objeto original a otro más aceptable.

Diagnóstico: Identificación de la naturaleza y extensión de un trastorno, mediante el análisis de los síntomas.

Dinámica: Determinación de las causas y efectos de un patrón emocional o de conducta.

Dramatización: Técnica psicoterapéutica en que el individuo es actor en la representación de una situación de conflicto, para alcanzar comprensión intuitiva (*insight*) de su conducta.

Drogoterapia: Empleo de drogas estupefacientes en el tratamiento de las enfermedades mentales.

Edad mental: Medición del desarrollo intelectual del individuo. Una edad mental de ocho, por ejemplo, significa que la persona posee capacidad mental promedio de un niño de ocho años.

Egocéntrico: Que se preocupa por sus propios asuntos; que todo lo hace girar en torno a su «yo».

Empatía: Conocimiento y comprensión intuitivos de los sentimientos, emociones y conducta de otra persona.

Enuresis: Micción involuntaria durante el sueño (incontinencia de orina), después de la eduad usual (4-5 años).

Escopofilia (voyeurismo): Desviación sexual en que el mirón furtivo obtiene satisfacción sexual observando a otros desnudos.

Espástico: Persona carente de coordinación normal, por disfunciones del cerebro.

Esquizofrenia: Trastorno psicótico que se distingue por pérdida de contacto con la realidad, procesos mentales confusos y retraimiento.

Estado paranoico: Trastorno psicótico caracterizado por mal sistematizadas delusiones o delirios de persecución o grandeza.

Etiología: Investigación de las causas de un trastorno.

Euforia: Exagerada sensación de bienestar y comodidad.

Exhibicionismo: Aberración que consiste en mostrar en público los órganos sexuales.

Expiación: Mecanismo de defensa en que un individuo realiza repetidamente determinado acto en un afán de pagar por alguna maldad pasada.

Extrapunitivo: Tendencia a volcar la hostilidad hacia afuera, hacia el ambiente.

Extroversión: Interés por el ambiente y otras personas, más que por sí mismo.

Extrovertido: El individuo cuyos intereses se dirigen a su ambiente más que hacia sí mismo y sus experiencias internas.

Falta de madurez emocional: En el adulto, falta de desarrollo del control emocional en aspectos como la independencia y la confianza en sí mismo. Empleo de conducta infantil para enfrentarse a tensiones que la mayoría de las personas manejan satisfactoriamente.

Fantasía: Mecanismo de defensa mediante el cual un individuo escapa del mundo de la realidad y busca satisfacción mediante actividades imaginarias; soñar despierto y hacer castillos en el aire.

Fetichismo: Aberración sexual en que el individuo obtiene satisfacción sexual por medio de un objeto, como pañuelo, guante, cabello o calzones de mujer.

Fobia: Miedo o temor irracional respecto a un objeto o situación.

Fuga: Forma de disociación. Episodio bastante prolongado de actividad que no se recuerda y que suele incluir un verdadero cambio físico de ambiente.

Gen: Elemento del plasma seminal del cual dependen las características hereditarias.

Geriatría: Ciencia que estudia la ancianidad y el cuidado físico y psíquico de la misma.

Ginecofobia o ginofobia: Miedo mórbido a las mujeres.

Glándula pineal: Pequeña glándula ovalada que se encuentra en la base del cerebro. Aún no se conoce su funcionamiento.

Glándula pituitaria: Glándula endocrina que regula el crecimiento del cuerpo.

Glándulas endocrinas: Las de secreción interna. Segregan hormonas que regulan las funciones y crecimiento del cuerpo.

Heterosexualidad: Atracción, interés y relaciones físicas entre individuos de sexos opuestos.

Hiper-: Partícula que antepuesta a una palabra significa «exceso» o «superioridad».

Hipo-: Partícula que se antepone a una palabra para denotar «menos», «disminución» o «poco».

Histeria: Trastorno psiconeurótico que se distingue por síntomas orgánicos, aunque no haya verdadera patología orgánica.

Homosexualidad: Orientación sexual invertida. Atracción o relaciones sexuales entre individuos de un mismo sexo.

Hostilidad: Emoción o sentimientos de enemistad, mala voluntad o antagonismo.

Id: Sinónimo de «ello». El término se emplea para denotar los inconscientes impulsos instintivos del individuo.

Idiota: Persona de gran retraso mental. Su cociente intelectual es inferior a 25.

Imbécil: Retrasado mental con un cociente de inteligencia entre 25 y 49.

Incesto: Relación sexual entre individuos de parentesco próximo, como hermano y hermana o padre e hija.

Instinto: Tendencia innata a reaccionar en forma determinada ante un estímulo.

Intelectualización: Mecanismo de defensa mediante el cual el individuo rehúye el sufrimiento emocional suplantando la interpretación emocional de la situación amenazante por una interpretación intelectual.

Introyección: Proceso de incorporar los valores del ambiente, o una persona, a la estructura de personalidad del individuo.

Latente: Inactivo o adormecido.

Lesbiana: Homosexualidad femenina.

Líbido: En amplio sentido psicoanalítico es la energía inconsciente o impulsos instintivos del *id*. En sentido restricto, puede emplearse para denotar impulsos sexuales.

Libre asociación: Verbalización libre de inhibiciones, de toda la idea que se le venga a la cabeza al paciente durante una sesión de terapia.

Manía: Estado de excitación e hiperactividad extremada.

Masoquismo: Perversión sexual que consiste en obtener satisfacción sexual sometiéndose al maltrato físico.

Masturbación: Satisfacción sexual mediante el autoestímulo de los órganos sexuales.

Necrofilia: Deseo de unión sexual con cadáveres.

Negación: Mecanismo de defensa mediante el cual la persona rehúye desagradables conflictos emocionales negándose a percibir algún aspecto de la realidad.

Neurosis (psiconeurosis): Amplia categoría de trastornos emocionales cuyo común elemento básico es la ansiedad.

Nictofobia: Miedo mórbido a la oscuridad o la noche.

Óvulo: Célula sexual femenina que al ser fecundada produce un nuevo ser viviente.

Paidofilia: Aberración sexual del adulto que se siente sexualmente atraído por los niños.

Paranoia: Trastorno psicótico mental caracterizado por bien sistematizados delirios de persecución o grandeza.

Patología: Condición de enfermedad o trastorno físico o mental.

Perfeccionismo: Atención excesiva a los detalles. Esta conducta suele servir de defensa contra sentimientos de inseguridad o culpa.

Personalidad doble: Reacción disociativa en que la persona tiene distintas estructuras de personalidad.

Personalidad esquizoide: Tipo de personalidad que se caracteriza por el aislamiento, la incapacidad de relacionarse con el prójimo, la seriedad y la excesiva tendencia a soñar despierto.

Personalidad múltiple: Reacción disociativa en que el individuo tiene dos o más estructuras de personalidad.

Personalidad psicopática (personalidad antisocial): Individuo de notable falta de madurez y cuya conducta es crónicamente antisocial.

Perversión: Desviación de lo normal.

Pirofobia: Miedo mórbido al fuego.

Piromanía: Compulsión mórbida a provocar incendios.

Placebo: Sustancia neutra que se administra en vez de una droga. Algunas personas afirman haber sido «curadas» de sus padecimientos después de recibir terapia con estas sustancias inactivas.

Proyección: Mecanismo de defensa en que un individuo echa a otros la culpa por sus dificultades, o les atribuye sus propios impulsos inaceptables.

Psicoanálisis: Método para la investigación de la conducta humana originalmente formulado por Sigmund Freud. Este método pone énfasis en los procesos inconscientes. Consiste, según Freud: «1) de un método para la investigación de procesos anímicos; 2) de un método terapéutico para perturbaciones neuróticas, basado en tal investigación; y 3) de una serie de conocimientos psicológicos, que van constituyendo paulatinamente una nueva disciplina científica.»

Psicodrama: Técnica terapéutica en que el paciente dramatiza una cantidad de experiencias significativas, para obtener un chispazo intuitivo que le haga comprender su ajuste de personalidad.

Psicólogo: Persona que posee el título de maestría o doctorado en Psicología. Entre las ramas de especialización en este campo están la psicología clínica, experimental, industrial y pedagógica.

Psicosis: Grave forma de enfermedad mental que se distingue por pérdida de contacto con la realidad. Puede también presentar delusiones y alucinaciones.

Psicoterapia: Empleo de técnicas psicológicas en el tratamiento de los trastornos emocionales.

Psicoterapia pacientocéntrica: Método de orientación desarrollado principalmente por Carl Rogers. Subraya la importancia de que el paciente busque sus propias soluciones en vez de que el orientador lo dirija en forma activa.

Psiquiatra: Médico especializado en trastornos mentales y emocionales.

Quimioterapia: Empleo de drogas en el tratamiento de las enfermedades mentales.

Racionalización: Mecanismo de defensa mediante el cual el individuo intenta justificar sus actos o creencias.

Rapport: Relación enfática entre dos individuos, la cual se caracteriza por la cooperación y la confianza mutuas. Se emplea en psicología para denotar una deseable relación entre paciente y terapeuta.

Rasgo: Característica física o emocional de un individuo.

Reacción-formación: Mecanismo de defensa en que el individuo muestra (y conscientemente cree poseer) sentimientos o impulsos opuestos a los que en realidad tiene, o que existen inconscientes en él.

Reacción de conversión: Condición en que los conflictos emocionales internos se convierten en síntomas fisiológicos.

Reacción maníacodepresiva: Trastorno psicótico caracterizado por extremos trastornos melancólicos. En los estados maníacos hay excitabilidad e hiperactividad, mientras que los estados depresivos se distinguen por el decaimiento y la quietud.

Represión: Mecanismo de defensa mediante el cual la persona relega a lo inconsciente las ideas o impulsos amenazantes.

Rigidez: Inflexibilidad y resistencia al cambio.

Sadismo: Perversión sexual en que se obtiene placer o satisfacción sexual en maltratar a otros.

Sublimación: Mecanismo de defensa mediante el cual los impulsos inaceptables se canalizan para convertirlos en actividades socialmente aceptables.

Tabú: Prohibición de carácter mágicorreligioso, entre los polinesios. Freud lo ha relacionado con el complejo de Edipo.

Terapéutico: Relativo al tratamiento o curación de los desajustes.

Terapia de grupo: Orientación o psicoterapia de un grupo de pacientes.

Tic: Espasmo o contracción muscular persistente e intermitente.

Transferencia: Emoción o actitud inconsciente respecto a una persona que simboliza otra figura de importancia en el pasado del paciente.

Transvestismo: Desviación sexual en que la persona viste ropas del sexo opuesto.

Trauma: Lesión psicológica o física.

Voyeurismo: Ver *Escopofilia.*

Zoofilia: Desviación sexual que consiste en un afecto anormal hacia los animales.

'Zoofobia: Miedo mórbido a los animales.

Bibliografía

ALLEN, CHARLES L. *God's Psychiatry*. New Jersey: Fleming H. Revell, 1953.

BALSWICK, JACK O., y JUDITH BALSWICK K. *The Family*. Grand Rapids, MI: Baker Book House, 1989.

BUNKER, N.M. *Handwriting Analysis*. Chicago: Nelson Hall Co. Publishers, 1966.

CAMERON, NORMAN. *Personality Development and Psychotherapy*. Boston, Houghton Mifflin Co., 1963.

CORSINI, RAYMOND J., ed. *Current Personality Theories*. Itasca, IL: F.E. Peacock Publishers Inc., 1977.

CHRISTENSON, LARRY. *La familia cristiana*. Puerto Rico: Librería Betania, 1970.

CRAMER, RAYMOND L. *La psicología de Jesús y la salud mental*. Miami, Florida: Editorial Caribe, 1976.

ENGLISH, SPURGEON O., y PEARSON, GERALD H.J. *Emotional Problems of Living*, 3ª ed., New York: W.W. Norton and Co. Inc.

FEUCHT, OSCAR, ed. *Helping Families Through the Church*. St. Louis, MO: Concordia Publishing House, 1957.

GILES, JAIME E. *Bases bíblicas de la ética*. Casa Bautista de Publicaciones, 1966.

GLASSER, PAUL y LOIS, eds. *Families in Crisis*. New York: Harper and Row Co., 1970.

HAMILTON, JAMES D. *El ministerio del pastor consejero*. Kansas City, Missouri: Casa Nazarena de Publicaciones, 1975.

———, *Handwriting Analysis,* New York: Dell Publishing Co. Inc., 1972.

HAVINGHURST, ROBERT J. *Developmental Tasks and Education*. New York: David McKay Co. Inc., 1952.

HESSELGRAVE, DAVID J. *Counseling Cross-Culturally*. Grand Rapids: Baker, 1984.

HESSELGRAVE, DAVID J. *Communicating Christ Corss-Culturally*. Grand Rapids: Zondervan, 1978.

HORNEY, KAREN. *Our Inner Conflicts*. New York: W.W. Norton & Co., Inc., 1945.

LEÓN, JORGE A. *Psicología pastoral para todos los cristianos*. Miami, Florida: Editorial Caribe, 1976.

NARRAMORE, CLYDE M. *Enciclopedia de problemas psicológicos*. Barcelona, España: Litografía Lagranje, 1966.

OLSON, DAVID H., ed. *Families: What Makes them Work*. London Sage Pub., 1989.

PEDERSEN, PAUL, ed. *Handbook of Cross-Cultural Counseling and Therapy*. Wesport, CT: Greenwood Press, 1985.

PERRY, LLOYD M., y LIAS, EDWARD J. *A Manual of Pastoral Problems and Procedures*. Grand Rapids, Michigan: Baker Book House, 1962.

RABACH, JOSHUA M. *What Your Doodles Mean*. New York: Dell Pub. Co., 1972.

REKERS, GEORGE. *Family Building*. California: Regal Books, 1985.

ROSS, KUBLER, ELIZABETH. *On Death and Dying*. New York: MacMillan Pub. Co., 1969.

SHERRILL, LEWIS, JOSEPH. *The Struggle of the Soul*. New York: The MacMillan Co., 1963.

STEINMETZ, SUZANNE K., y STRAUSS, MURRAY A. *Violence in the Family*. New York: Dodd, Mead & Co., 1974.

SUE, DONALD W., ed. *Counseling the Culturally Different, Theory and Practice*. New York: John Wiley and Sons, 1981.

TRENT, GARY y JOHN. *The Blessing*. New York: Pocket Books, 1982.